小学语文联结教学

沈玉芬 著

江西教育出版社
JIANGXI EDUCATION PUBLISHING HOUSE

图书在版编目（CIP）数据

小学语文联结教学 / 沈玉芬著. — 南昌 : 江西教育出版社, 2018.12

ISBN 978-7-5705-0766-5

Ⅰ. ①小… Ⅱ. ①沈… Ⅲ. ①小学语文课—教学研究 Ⅳ. ①G623.202

中国版本图书馆 CIP 数据核字(2018)第 267877 号

小学语文联结教学

XIAOXUE YUWEN LIANJIE JIAOXUE

沈玉芬 著

江西教育出版社出版

(南昌市抚河北路 291 号 邮编：330008)

各地新华书店经销

南昌市红星印刷有限公司印刷

720 毫米×1000 毫米 16 开本 13 印张

2018 年 12 月第 1 版 2018 年 12 月第 1 次印刷

ISBN 978-7-5705-0766-5

定价：29.80 元

赣教版图书如有印装质量问题，请向我社调换 电话：0791-86710427

投稿邮箱：JXJYCBS@163.com 电话：0791-86705643

网址：http://www.jxeph.com

赣版权登字-02-2018-654

目　录

第一章

联结性教学的学理推敲

第一节　联结:从行为学习到心理建构

联结,指结合,它是心理学中的一个重要概念。联结是意识形成的核心环节,意识的形成过程也是心理的形成过程。联结主义心理学是美国现代心理学的一个学派,由美国心理学家爱德华·李·桑代克(1874—1949)在对动物进行实验研究的过程中提出来的一种学习心理学理论,也是世界上第一个学习理论——学习的"联结党"。他将动物学习规律应用于人类儿童,形成联结主义心理学体系。他把联结分为先天本能和后天获得两大类,每类都有动作和动作、观念和观念、观念和动作之间的联结。一切联结的总和就是心理行为整体。

对联结机制的解释,桑代克完全站在本能主义的立场上。他认为,人生来就具有许多联结的"原本趋向",即在精子与卵子结合成人时,在人的头脑中各神经元就形成了许多"原本的联结"。这是"人的本性",它决定了后天联结的趋向。因此,桑代克认为,所谓学习,就是在一定情境的影响下,唤起"原本联结"中的一种联结倾向,并使之加强;而不唤起其他联结倾向,或使其他联结倾向减弱。这样,桑代克的学习联结说就完全抹杀了人在学习中的主观能动作用,而把学习看成是本能的、被动的,或是完全受情境决定的过程。桑代克所用的"情境"一词,虽然有时也称为"刺激",但其含义同后来行为主义所用的"刺激"一词的含义不完全相同。桑代克认为,所谓情境,既包括大脑的外部环境刺激,同时也包括"脑内状态",即思想、感情等。同样,反应的含义不仅指机体的外显活动变化,还包括观念、意象等"内部反应"。

桑代克认为,情境与反应之间的联结是通过尝试错误,按一定的规律形成或建立起来的,学习的过程完全是盲目的或尝试错误的,这就更进一步地抹杀了学习的自觉性和目的性。桑代克提出形成情境与反应相联结的三大定律,即所谓的准备律、练习律和效果律。其中,练习律和效果律是"学习的主律”。准备律的含义是当某一情境与某一反应准备联结时，给予联结就引起学习者的满意；反之，当某情境与某反应不准备联结时，要求联结就引起烦恼。早期的练习律注意到联结的频因效果，认为已经形成的某情境与某反应的联结，经常使用会使联结的力量加强；经常不用，则联结的力量减弱。到20世纪30年代初，桑代克修改了他提出的学习定律，首先放弃了频率因素，认为单纯的反复练习并不能增强其联结，而只有将练习律与效果律相配合才能发挥作用。早期的效果律注意到奖励和惩罚的作用，认为某情境与某反应联结伴随着奖赏时，联结力量将会增强；如果伴随惩罚，联结力量就会削弱。后来桑代克认为奖赏的效果比惩罚的效果更好，而特别强调奖赏的作用。桑代克首先注意到奖赏的强化学习作用，为后来强化理论的深入研究开辟了途径。桑代克是西方第一位从事动物学习实验研究的心理学家，他的学习理论以实验研究为基础，系统地阐述了学习过程，并提出一系列学习定律，成为西方最早的、最系统的学习理论。这对后来学习联结理论的进一步发展产生了重大影响。这些学术上的历史功绩是应当给予充分肯定的。

约翰·华生于1913年打出行为主义心理学的旗帜，关于联结，他与桑代克的认识有很大的区别。他否认先天和遗传的作用，认为学习就是以一种刺激替代另一种刺激建立条件反射的过程。在华生看来，人类出生时只有几个反射（如打喷嚏、膝跳反射）和情绪反应（如惧、爱、怒等），所有其他行为都是通过条件反射建立新刺激—反应（S-R）联结而形成的。他认为人类的行为都是后天习得的，环境决定了一个人的行为模式，无论是正常的行为还是病态的行为都是经过学习而获得的，也可以通过学习而更改、增加或消除，认为查明了环境刺激与行为反应之间的规律性关系，就能根据刺激预知反应，或根据反应推断刺激，达到预测并控制动物和人的行为的目的。他认为，行为就是有机体用以适应环境刺激的各种躯体反应的组合，有的表现在外表，有的隐藏在内部，在他眼里，人和动物没什么差异，都遵循同样的规律。华生认为心理学研究行为的任务就在于查明刺激与反应之间的规律性关系。这样就能根据刺激推知反应，根据反应推知刺激，达到预测和控制行为的目的。华生的环境决定论观点影响美国心理学达30年。他的预测和控制行为的观点促进了应用心理学的发展。

认知主义源于格式塔心理学派，这个学派认为学习是人们通过感觉、知觉得到的，是由人脑主体的主观组织作用而实现的，并提出学习是依靠顿悟，而不是依靠尝试与错误来实现的观点。该理论关于"学习"的观点是：关于学习的心理现象，否定刺激(S)与反应(R)的联系是直接的、机械的。认为人们的行为是以"有机体内部状态"——意识为中介环节，受意识支配的，他们以S-O-R这一公式代替S-R这个公式(O为中介环节)；学习并不在于形成刺激与反应的联结，而在依靠主观的构造作用，形成"认知结构"，主体在学习中不是机械地接受刺激，被动地作出反应，而是主动地有选择地获取刺激并进行加工；对学习问题的研究，注重内部过程与内部条件，主要研究人的智能活动(包括知觉、学习、记忆、语言、思维)的性质及其活动方式。简单地说，就是我们不是机械地接受刺激，而是主动对相关刺激进行解释。20世纪50年代后，计算机科学技术的兴起与发展，为心理学家分析和推断心理过程提供了一个重要的工具。西蒙(H. Simon)等人的研究表明心理学中的许多问题可以用类似于计算机处理信息的过程予以阐明，凭借信息加工模式，能把格式塔心理学中关于认知和记忆重组的某些推测，用一种类似计算机程序的方式编制出来，即可用计算机处理信息的过程来模拟人的心理过程。这就为研究心理过程和心理结构提供了物质基础。

建构主义的最早提出者可追溯到皮亚杰。他的认知发展理论摆脱了遗传和环境的争论和纠葛，旗帜鲜明地提出内因和外因相互作用的发展观，即心理发展是主体与客体相互作用获得建构的结果。儿童是在与周围环境相互作用的过程中，逐步建构起关于外部世界的知识，从而使自身认知结构得到发展的。这是他关于建构主义的观点。儿童与环境的相互作用涉及两个基本过程:“同化”与“顺应”。同化是指个体把外界刺激所提供的信息整合到自己原有认知结构内的过程;顺应是指个体的认知结构因外部刺激的影响而发生改变的过程。同化是认知结构数量的扩充,而顺应则是认知结构性质的改变。认知个体通过同化与顺应这两种形式来达到与周围环境的平衡:当儿童能用现有图式去同化新信息时,他处于一种平衡的认知状态;而当现有图式不能同化新信息时,平衡即被破坏,而修改或创造新图式(顺应)的过程就是寻找新的平衡的过程。儿童的认知结构就是通过同化与顺应过程逐步建构起来,并在“平衡—不平衡—新的平衡”的循环中不断地丰富、提高和发展。皮亚杰的研究建树,在于把联结放入建构主义理论视角,认为学习应以学生为中心,强调学生对知识的主动探索、主动发现和对所学知识意义的主动建构。

随着网络信息技术的腾飞,人们传统的生活和学习方式逐渐发生改变,这就急需一种新的学习理论来适应社会的变化,为学习者提供有效的指导。关联主义就是适应数字化时代学习需求的一种全新的学习理论,它体现了数字化时代的特点,有效揭示了学习的外部社会机制。2004 年,加拿大学者乔治·西蒙斯在国际上率先提出了“关联主义”概念。在他看来,关联主义是一种超越行为主义、认知主义和建构主义,适合解释和指导数字时代学习现象与学习需求的理论。关联主义认为,学习不再是个体的内部活动,知识也不再以线性的模式获得,学习(被定义为动态的知识)不仅发生在学习者内部,还可存在于学习者自身之外的组织、社群或数据库中,学习是一个连接专门节点或信息源的过程。如果说行为主义的学习隐喻是“强化”,认知主义是“习得”,建构主义是“建构”,那么关联主义的学习隐喻是“连接”。作为数字时代的学习理论,在确切定义和解释人们是如何学习这方面,关联主义的核心观点认为“学习就是形成网络”,就是在相关的节点间建立有效的连接。学习不仅存在于个体自身,而且存在于各个专业化的节点中,学习的关键在于将相关的节点(信息源)连接起来,形成学习网络。这种连接可使学习者学到比现有的认知状态或知识体系更多、更重要的东西，使个人学习和组织学习统合起来，通过“个人—网络—组织”这种知识发展的循环使学习者在各自的领域中实现与时俱进。

行为主义、认知主义、建构主义、关联主义，不同的理论产生于不同的时代，后者在前者的基础上，继承、推翻与发展，都具有独特的价值。学习过程无论是可知的还是不可知的，发生于个体内在的还是发生于个体外部的，是线性的还是立体网络化的，“联结”都是人类学习的本质，更符合儿童学习的内在规律。

幼儿主要通过听和看来学习语言。一周岁左右的孩子，是语言发展最快的时期。我们经常会教孩子念儿歌。为了便于孩子学习，我们刻意放慢语速。孩子除了听，还会用眼睛一眨不眨盯着大人的嘴巴。同时，小嘴也会随着大人的嘴型变化而变化。一首儿歌被重复几遍后，孩子也就能依葫芦画瓢地念出来。大人在聊天，孩子在一旁一会儿盯着这个人说话，一会儿又转过头去看那个人说话，似乎在期望口形与声音之间存在的某种协调。举个例子，有一种装有发条的铁皮青蛙特别好玩，绿色的，还带花纹。只要拧紧发条，青蛙可以在地板上扑腾好一阵子。刚开始玩的时候，孩子不知道需要拧紧发条。当青蛙不动的时候，会急得用手去碰，去推，抓起青蛙朝大人“嗯嗯嗯”地喊。“来，妈妈帮你转一下！”“妈妈再帮你转一下！”一次又一次，当重复很多次之后，孩子会抓起不动的青蛙朝大人跑过去，嘴里喊的不是“嗯嗯嗯”，而是“转一下，转一下！”我们并没有刻意去教“转一下”这三个字，可是孩子会通过反复地听，反复地强化，学会这三个字的发音。而且，在不知不觉中，孩子能把“转一下”与青蛙能在地上蹦跶联系在一起，从而构建起“转一下”的基本意义。的确如此，孩子看到什么，听到什么，所有的信息并不是外在的无意义的符号。相反，这些符号进入了孩子的认识世界，并与具体的人、事、物相匹配，相联结，便成为有意义的信息符号。由此，孩子的学习就发生了。所以，当孩子还很小的时候，千万别错过陪伴他的时光。也许只错过了几天，你可能会觉得错过了一个世纪。

小手的工作，其实是孩子另一种方式的学习。孩子第一次把小手主动伸向外部世界的这一动作，我们应该充满期待。我们经常把孩子界定为两类，一类是乖孩子，一类是爱捣蛋的孩子。两者的区别主要在于乖孩子听大人话，不乱动乱碰东西；而爱捣蛋的孩子则从不听话，只要大人一不留神，一双小手就已经伸向大人所不允许的一切东西。大人为什么不允许孩子乱碰东西？当然是怕出意外，怕孩子碰触危险的东西。孩子没有正确的分辨能力，无法选择与判断该碰与不该碰的东西。因此，凡是与可能的危险沾边的东西，一律被大人列为禁品。孩子要做什么，最好发生在大人眼皮底下。可怜天下父母心，这样的立场无可厚非。但是，当大人们在摇头表示不允许的时候，孩子被剥夺了什么？是孩子用小手认识生活、认识世界的权利。人们下意识地用手来表现自我的内心世界，手的活动是最基本的“人类活动”，孩子的手活动的发展更是奇妙而神圣的事情。手的活动，象征着孩子内心成长的需求。他会想碰一碰大人才可以点燃的打火机，会想摸一摸大人才可以拿起的水瓶，他会想扫地、洗衣服、倒水、自己洗澡、自己梳头、自己穿衣服。因为他看到过别人这样做，他也渴望自己能这样做。他想通过自己小手的工作，去尝试、去学习、去找到外部世界和自己联结的通道。

除了看、听、做，儿童的学习方式还有很多。他们用自己的方式去学习，去触摸世界。学习的过程，即形成自我意识的过程。与成人的学习相比，儿童更富于想象和联想。在他们的世界中，不管是能动的，还是不能动的；不管是天上飞的，还是地上跑的；不管是有生命的，还是没有生命的；不管是现实中的，还是非现实中的，所有的人、物之间，似乎有一个神秘的通道，可以曲径通幽，融为一体。因此，世界对他们来说，没有截然的划分，没有清晰的界限。于是，联想与想象，自然而然就会发生。“云像一个忙碌的画家，在天空中画出一幅又一幅的图画。云像一个贪玩的小捣蛋，常常忘了回家。”“风儿，微笑。在树上荡秋千，在草原上赛跑，在院子里拿树叶儿玩飞镖游戏。”

儿童是天生的诗人。不管是风还是云，都与儿童原有的生活勾连在了一起。于是，在富有诗意的想象中，空中的云儿成为忙碌的画家、贪玩的小捣蛋；风儿掠过树林与草原，如同孩子荡秋千、赛跑和玩飞镖。他们用自己的语言，用想象来认识并诠释一切事物，表达自己对世界的理解。

想象与联想，本质上就是联结。联结，是儿童学习的基本方式。著名漫画大师丰子恺先生曾作一幅漫画，题目是《画说教育》。画面上，一个表情漠然的人，在支起的板上，用同一个模子，一个接一个地制造"泥人"，木板的一端已摆放了一批刚刚制造出来的一模一样的"泥人"，另一端有很大的一堆泥在等待着被加工、制造，还有一堆做得并不成功的"泥人"被搁置在一角。丰子恺先生以画笔讽刺了当时教育的弊端。匠师即教师，"泥人"则是接受教育的儿童。在制造的过程中，匠师无须为"泥人"打通与世界的关联。世界是否多彩，与"泥人"无关；匠师的笔法，与"泥人"无关；最终画成的模样，与"泥人"无关。"泥人"作为产品的的诞生，无须想象，无须思想，只需被动地接受。而儿童则不同，他们是最鲜活的人，他们渴望学习，渴望认识世界。他们与"泥人"本质的区别，是能以联结的方式主动学习，从而成长为区别于产品的"人"。儿童学习的过程，即不断建立联结的过程。他们观察大人的嘴型，建立起嘴形与字音之间的联结，从而学会发出正确的语音；他们看苹果、闻苹果、摸苹果、咬苹果，建立起多种感官与"苹果"这一事物的联结，从而认识苹果；他们碰触热水被烫到，建立起热水与疼痛之间的联结，从而学会避免触碰温度高的事物；他们经历了生活中的失望与痛苦，开心与快乐，才真正理解喜怒哀乐的含义；他们把生活中最平常的一事一物，与其他的事与物进行勾连，赋予最美丽的想象，于是就有了富有情趣的文字；他们在头脑中天马行空，世间万物都可以组合在一个共同的时空，才可能产生各种奇思妙想。学习在发生，联结必然存在。因此，教育需要少一些束缚，多一些自由。只有给予儿童足够的空间和时间，他们才有可能自主地去建立自我与外部世界的联结，从而更好地去学习。

从行为主义、认知主义、建构主义，关联主义，不同的学习理论为我们探究儿童学习的内在机制提供了依据，帮助我们形成对儿童学习内在规律的认识。儿童的学习，本质意义上是联结，他们主动发现、把握与建构联系，从而获取知识与意义。

第二节 相似:在似与不似中发现联系

相似，无处不在。张光鉴先生是相似论的创立者，著有《相似论》。相似论是思维科学的理论之一。张光鉴先生认为，相似性是普遍存在的，人们之所以能掌握大自然的运动规律，通晓自然科学和社会科学领域的真谛，实际上总是有意或无意地依靠了事物之间的相似性。相似性的实质“是客观世界物质的基本粒子在统一场作用下运动的一种和谐协调而又互相适应的一个组合形式”。承认“相似”，并不否定“不相似”，两者之间是辩证统一的，“相似”中有“不相似”，“不相似”中又有“相似”。相似＝同＋变异。没有相似，自然界就没有运动，就没有联系，就没有创造性。科学技术的进步，自然界的万事万物绝对是同与异决定的。

著名科学家高士其在为《相似论》所作的序中这样写：我们生活在科学的世界，我们更生活在规律的世界，每一件事都有其规律可循，科学本身就是在遵循规律，运用规律上的劳动创造。世界上的事物，虽然千姿百态，但究其内在的本质，都有其相同的哲理，当我们摸清了事物各自迥异的个性后，就需要开始去寻找它们内在的个性，这才是一个明哲、智慧的做法，也是认识事物的最好途径。只有这样，才能掌握大自然的运动规律，从而站在哲学的高度，通晓自然科学和社会科学领域的真谛。有一个《狼和鹿》(苏教版三年级上册)的故事。活泼美丽的鹿群经常遭受狼的暗算。当地居民恨透了凶残的狼。于是，他们举起了猎枪，对准了狼群。狼一只又一只，哀号着倒在血泊中。没有了天敌的鹿群快速繁殖，吃光了一切绿色植物。同时，疾病像妖魔的影子一样，开始在鹿群中游荡，最终更凶残地“猎杀”了鹿群。鹿、狼与森林，三者之间原本存在着内在的联系，维持着自然的平衡。人类以善意保护了“鹿群”这一弱者，却因没有看到这几者之间的联系，破坏了平衡，使得“善意”成为“一厢情愿”，甚至是“弄巧成拙”。《一个小村庄的故事》（人教版三年级下册）与《狼和鹿》相比，有不同，也有相同之处。一个小村庄，原本山清水秀，非常美丽。可是，村里的人举起了锋利的斧头。谁家想造房，谁家想造犁，都拎起斧头到山上去，砍下一棵又一棵树。家家户户靠着锋利的斧头，日子过得还不错。可是，所有用斧头得到的一切，最终被咆哮的洪水不知卷到何处。固然，悲剧的起因是人的贪欲，但是，其本质的原因在于人们在挥起斧头的时候，没有看到山、树木与人类之间的关系。如果理性地把握“砍”与“种”之间的平衡，悲剧也不会产生。鹿、狼与森林，山、树与人类等，世界上的事物总是通过一定的形式直接地或间接地联系在一起的。没有事物独立存在。无视他们之间的联系，就等于把人、事、物孤立于一个孤立的空间；无视《一个小村庄的故事》和《狼和鹿》的相似，就难以真正发现与理解自然界内在，人与自然之间平衡的内在规律。

列宁曾经指出：“历史有惊人的相似。”人类社会的发展，相似性无处不在。大多数民族都不约而同地经历了石器时代、陶器时代、铜器时代、铁器时代；社会大都经历了原始部落时代、奴隶时代、封建社会、资本主义社会；国家与国家，天天演绎着独立与自由，贫穷与富裕，诚信与欺骗，战争与和平的故事；所有的电影与电视，所制造的冲突无非是“情”与“利”之间的矛盾，所映射的无非是昨天与今天的生活图景。一部好的喜剧，实在逗乐观众的时候，能让观众看到电影背后的“自己”。喜剧《西虹市首富》在2018年暑期热了一回，除具有喜剧特性与效果的情节设置、人物对白等之外，电影更为不同的观众找到的各自生活中的相似。由此，观众在观影的过程中，产生了强烈的共鸣：幻想一夜暴富，刷新命运；孩子一出生，就成为父母为之投入一辈子金钱、情感的终生事业；为尊严与荣誉而战的无所畏惧；在真情面前的人性考验等。人们评论，张艺谋是“相似性”运用大师，他曾捕捉到不同国家，不同民族“微笑”的共同元素，拍摄的申奥宣传片打动了国际奥委会。我们人之所以能理解生活的美，欣赏自然与艺术的美，实质上是思维过程中相似运动、相似联系、相似创造、相似匹配功能的显现。

著名哲学家培根说：“类似联想支配发明。”人在思维过程中，总拿已有的知识与经验来参照和匹配。人的思维是依靠“相似信息块”来活动的。“相似信息块”是主体与客体得以进行联系的中介，是主体用于同化或顺应客体的内在控制，而且它是一个动态的机制。主体最初的“相似信息块”体现为本能或遗传因素，随着与客体的不断联系、相似催化、相互调剂、相互匹配新的外来信息，组合成“新相似信息块”，而“新相似信息块”又去顺应或同化新的信息，这样主体的“相似信息块”如雪球越滚越大，于是人们解决问题的能力也越来越强。“相似信息块”产生的最佳结果是达到相似创造。科学家贝弗里奇说：“独创常常在于发现两个或两个以上研究对象或设想之间的联系或相似之点。”瓦特自从观察到炉子上的水壶被蒸汽扑腾扑腾往上顶，便潜心研究，发明了蒸汽机；后人将蒸汽机装在汽车上便出现火车；将蒸汽机装在船上，便出现了轮船；蒸汽机装在纺织机上，便出现自动纺织机。人类创造和发展的仿生学例子更是举不胜举：由令人讨厌的苍蝇，仿制成一种十分奇特的小型气体分析仪，并已经被安装在宇宙飞船的座舱里，用来检测舱内气体的成分；科学家仿照水母耳朵的结构和功能，设计了水母耳风暴预测仪，相当精确地模拟了水母感受次声波的器官；人们根据蛙眼的视觉原理，已研制成功一种电子蛙眼，准确无误地识别出特定形状的物体；根据蝙蝠超声定位器的原理，人们还仿制了盲人用的“探路仪”，这种探路仪内装一个超声波发射器，盲人带着它可以发现电杆、台阶、桥上的人等。美国著名创造心理学家 S. 阿瑞提在《创造的秘密》一书中指出：相似性表明，在世界上存在着某种重复发生着的、因而是有规律的现象。正是由于对这些规律的认识,人的思维才能去理解宇宙,才能去理解自身的内在现实。在精神病态、正常状态和创造状态当中,留心注意相似性的能力是一种共同的指导原则——它是一束颤抖而微弱的烛光,用它去探索和收获,用它去攻破宇宙之夜的秘密,用它去获得对我们自身部分的某种理解。人类最终的兴衰就是依赖于相似性所做的不同反应。人的大脑,不管是显意识还是潜意识,都是按照相似性进行激活、联系、匹配和重组的,这是大脑信息加工的必然运动形式。

深蓝计算机是由 IBM 开发的象棋电脑。1996 年 2 月,它进行了对世界冠军的第一场比赛,然而,卡斯帕罗夫击败了深蓝,得分为 4∶2。深蓝开始升级,于 1997 年 5 月再次对抗卡斯帕罗夫,并赢得了比赛,成为历史上第一个在标准国际象棋比赛中打败卫冕世界冠军的计算机系统。1997 年的深蓝计算机与 1996 年的相比,运算速度差不多提升了两倍。技术人员改善了象棋芯片,丰富了系统的象棋知识,使它能够识别不同的棋局,并能够从众多可能性中为不同局势找出最佳棋步。简而言之,深蓝之所以能打败世界冠军,第一个原因是提高了运算速度,第二个原因是丰富了大脑中的“信息相似块”。更为丰富的“相似信息块”与即时性的棋局快速联结、匹配,并快速计算出解决的方案。

阿尔法围棋是第一个击败人类职业围棋选手、第一个战胜围棋世界冠军的人工智能机器人。其主要工作原理是“深度学习”,被称为自学成才的模范。阿尔法围棋最初的版本,结合了数百万人类围棋专家的棋谱,也就是建立极为强大的“信息相似块”。升级后的版本则不再需要人类的数据。也就是说,它一开始就没有接触过人类棋谱。据阿尔法围棋团队负责人大卫·席尔瓦介绍,阿尔法使用新的强化学习方法,让自己变成了教师。系统一开始甚至并不知道什么是围棋,只是从单一神经网络开始,通过神经网络强大的搜索算法,进行了自我对弈。随着自我博弈的增加,神经网络逐渐调整,提升预测下一步的能力,最终赢得比赛。更为厉害的是,随着训练的深人，阿尔法围棋团队发现，它还独立发现了游戏规则，并走出了新策略，为围棋这项古老游戏带来了新的见解。

深蓝计算机和阿尔法围棋，两者虽有不同，但更有相似。我们可以发现，学习的确需要依赖“相似信息块”。输入、储存与积累“相似信息块”极为重要，这是在特定学习情境中得以激活与匹配的基础，但是，学习自主建立“相似信息块”更为重要。著名教育家陶行知认为：对于学习中的问题，教师不要拿出现成办法，而要指导学生，使他以最短的时间，经过相似的经验，发生类似的联想，自己将这个方法找出来，并且利用这种经验、联想去找别的方法，解决别的问题。相似的经验，即“信息相似块”，是知识和经验在大脑中的表征形式；学生经过相似的经验，发生类似联想的过程，即大脑中已有的“信息相似块”，同认知对象或要解决的问题之间建立起的某种相似关系的过程，也就是自主寻找联结点的过程。主动联结，是学习产生意义的关键。

学习自主建立“相似块”，学习自主寻找联结点，其根本是学生思维的改变。著名科学家爱因斯坦认为：所谓教育受益，应是在学校知识全部忘光后，仍能留下的那部分东西就是思维能力。运用相似性思维，发现表面上互不相关的事物之间的内在联系，从而概括出事物的共同属性与本质，并且找出规律，是学习方法本质上的变革。运用相似论，在教学中发展学生的思维，这也是学校教育的终极目标。

“相似块”是理解的基础和前提。学习语文，学生也需生长一双独特的眼睛，善于从不相似中寻找相似，例如，书信、通知、便条、广告、请假条、建议书、倡议书等，不同的样式，有不同的表达规则。但是，考量这些不同的表达形式，却能找到相同：它们都属于应用文，写作目的非常明确，就事论事，直奔解决问题而去；都具有真实性，以事实为依据，不允许虚构、夸张、想象，更不能张冠李戴、移花接木；具有规范性的特点，在长期使用的过程中，形成了较为固定的结构模式和言语特色；语言比较简约，力求用最小的篇幅将所涉及的内容表达清楚，用最精炼的文字准确地说明事由，解说事理，陈述办法。

学习语文，也要善于从相似中发现不相似。例如，语言表述要求准确，但记叙文中的语言平实通俗，以社会化的生活性语言为主，避免个性化色彩强烈的语言；论说文的语言准确之余，要求严密，鲜明有力；说明文语言精确，简练，概括性强；文学作品的语言则具有形象生动、凝练含蓄、新鲜多样和富有艺术性的特点。在相似中寻找不相似，不相似中寻找相似的过程，即学生不断地把获取的外来信息与大脑中原有的"相似块"不断匹配的过程。通过不断的激活与匹配，信息主体与客体不断建立联结，形成的"新相似块"更有效地与新的外来信息产生新的催化与匹配。如此循环，学生所获取的知识更具结构化，进而从本质上提高学生的自主学习能力及问题解决的能力。

第三节　组块：由个而类的结构化学习

1997年，著名特级教师薛法根将心理学原理移植到语文教学，提出小学语文组块教学。什么是组块？在认知心理学中，有意识地将许多零散的信息单元整合成一个有更大意义的信息单位，并贮存在大脑中的心理活动称之为"组块"(Chunking)，而把贮存在大脑中的信息单位称为"相似块"，也称为"图式"。人们在学习实践活动中积累了丰富的信息单位、知识单元(相似块)，这些"相似块"有各种不同的类别，如语言相似块、情感相似块、形象相似块等，而"组块"则是认知过程中的一种组织策略和整合行为，具有重组、整合的功能，它可以提高记忆的容量和效率。人们对外界的认识常常要依赖"相似块"的存在和"组块"的心理活动。语文学习过程是个体心理"相似块"重组、整合的运动过程，语文学习过程中感知、理解、体悟、积累、运用的每一个阶段，都离不开"组块"的积极活动。相似论原理表明，个体在学习语文的过程中，首先从感官接触语言材料，或看，或听，将语言信息(伴随着情感、思想、形象)通过神经的传递，到达大脑的相应区域，与先前贮存在记忆中的“相似块”发生联系，从而激活“相似块”，形成感知或感觉，进而个体调动这些“相似块”，与所获得的语言信息通过不断的相似运动、相似匹配、相似重组，达到融会贯通，心领神会，最终形成或重构出新的“相似块”，实现理解、感悟。这些经整合而创造的“相似块”，不但在后续的学习情境中发挥摄取、重组作用，而且在相似的语言情境中，能外化为个体的语言信息，或语言，或思想，或形象，或情感，从而实现个体的主动表达、运用。这就是“组块”在语文学习中的心理学原理。

小学语文组块教学基于组块原理，将零散的教学内容重组，转化为综合性、立体化、板块式的言语实践活动，引导学生通过联结性学习和自主性建构，获得语文素养的整体提升。其中，联结性学习是组块教学的实践构想之一。

莫雷提出学习双机制理论，它是关于个体知识经验获得问题的基本观点或理论构想。他认为，人有两类学习机制，一类是联结性学习机制，另一类是运算性学习机制。联结性学习机制是指个体将同时出现在工作记忆的若干客体的激活点联系起来而获得经验的那种机能或机制，可以分为模式识别学习、条件反射与连锁学习、代表学习与语言连锁学习、命题学习与命题组合学习。运算性学习机制指有机体进行复杂的认知操作（即运算）而获得经验的那种机能或机制，可以分为类别学习、规则学习、推理与问题解决的学习。两种不同的学习方式，有不同的内在机制，并互为补充。无论是联结性学习机制还是运算性学习机制，其目的与结果都是需要个体把握学习对象的意义。个体进行学习所获得的各种各样的经验，从实质来看，就是获得客体或属性的一定关系或联系，这些联系可能是直接的、简单的，也可能是复杂的，这些联系与关系都会在头脑中形成相应的表征。

基于学习心理学和学习双机制理论，遵循语文教学的内在规律，组块教学视域中的联结性学习，是指个体发现、把握并重构知识经验之间的逻辑关系而得其智能意义的学习方式。联结性学习的过程是学生发现联系、建立联系、运用联系、生成联系，进行实现改变的过程。联结性学习方式与“组块”之间本质统一。主要包含两类：个学习中的事物联结和类学习中的逻辑联结。

个学习中的事物联结。认识事物的科学途径就是寻找事物之间的相似性，找到事物之间的“同”与“异”。例如，我们认识鹦鹉、翠鸟、大雁、老鹰等不同鸟的时候，把它们相联结，发现鸟类的共同特征：身体被羽毛覆盖，有翅膀，会飞，卵生等；我们认识葡萄、西瓜、桃子、香蕉等不同水果的时候，把几者相联结，发现水果的共同特征：多汁，味觉为甜味或者酸味，可食用，营养丰富。薛法根老师认为，凡具有创造才能的人，大都具有一种在最不相像的地方捕捉到最朦胧的相似线索或共同要素并拿来加以运用的能力，即把握事物之间的联结。这种能力即类化识别能力，通过前后联系，发现各种对象的共同性质，进行概括，形成类别，并能根据已形成的类别去识别具体对象。小学生往往缺乏发现与概括的能力，因此，需要有意识地让学生进行类化识别学习。如《鸟岛》(苏教版二年级下册)一文中，为了更准确地说明一种颜色，在颜色词的前面加上具体事物的名字：玉白色、青绿色。玉与白色，青与绿色，两者之间分别构建了联系，形成了内在的词结构，表示“像玉一样的白色，像青草一样的绿色”。其实，类似的结构的词，如“梨黄、橙红”等在生活中亦常见，通过举三反一，归纳概括，使词语的内在结构更清晰，从而学会举一反三。

再如，说明事理的说明文往往具有内在的固定结构：由论点、论据和论证三要素组成，三要素的组成结构成为这一类文体的本质特征。又如，《夹竹桃》(苏教版六年级下册)一文中“我幻想它是地图，它居然就是地图了。这一堆影子是亚洲，那一堆影子是非洲，中间空白的地方是大海。恰巧有几只小虫子爬过，这就是远渡重洋的海轮……”三幅幻想之图，作者都以“幻想它是什么，它居然就是什么；幻想它能动，它就真变成活的了”为内在言语结构。联结三个语段，比较提炼这一形式特征，可以成为表达奇妙幻想的言语类别结构。当遇到新的类似言语材料时,学生头脑中相似的记忆便会被激活,从而快速地识别,获得对言语材料的意义理解。

类学习中的逻辑联结。类别关系,是表示不同类别对象之间的逻辑关系。例如,蝙蝠也被羽毛覆盖,有翅膀,会飞,可它是鸟类吗?它与鸟类有什么本质的区别?除以具体事物的名字修饰颜色词,使颜色表达得更加准确外,还可以修饰其他字词表示颜色的程度:如鲜黄、深红、淡紫等。

说明性文章有的侧重解说事物,有的侧重阐明事理。两者虽以说明为主要表达方式,但由于说明对象的不同,说明的顺序、说明的方法等不尽相同。同样是说明事理,但论点如何提出,论证如何完成等又不尽相同。

《说勤奋》(苏教版四年级上册)一文以自问自答的方式开门见山揭示论点,以学生熟知的两个人物故事为论据,最后以"只有一生勤奋,才能有所作为,才能对人民、对社会作出应有的贡献"作为结尾,由此构成了议论文最基本的结构。

《滴水穿石的启示》(苏教版五年级上册)则不同于《说勤奋》。作者以一个自然现象引出了自己的论点,论证过程也显得更为严谨。用古今中外的名人故事作为论据后,还列举生活中的现象作为反证。最后以简洁的话语总结并扣题:滴水穿石给予我们的启示。

《谈礼貌》(苏教版五年级下册)一文,夹叙夹议是最显著的特征。作者在每次举例例证之后,都直接发表了自己的议论。议论的内容指向哪里?为什么这样安排议论的顺序?作者如何进行议论?这是这一篇议论文独有的魅力。

论点、论据和论证,是议论文体的共性组成部分。但教材中不同年级的议论文正因为有其个性表达处,才有其无可替代的价值。学会从这三方面发现一篇议论文的独有特征,比较中形成议论文体的内在结构。在学生主动发现联系、形成结构的过程中,发展言语智能,促进言语生命的成长。

整合两个或多个类别的逻辑关系,形成对类别意义的本质理解,促进问题的解决，即问题解决的学习。当学生通过举三反一概括“颜色词的前面加上具体事物的名字”这一类型词语的结构特点，并举一反三学习运用“梨黄、橙红”等结构的词语。通过两个类别的逻辑关系学习，学生在头脑中新的规则：词语通过不同结构的组合，词语所表达的意义就会产生差异。由此，学生为实现表达的需要，创生新的词语结构类别。说明事理的说明文往往以列举事例的方式来论证。但是，议论文中的事例表述和记叙文中的事件刻画不尽相同，应根据自己表达需要，选择事件描述的重点、详略的安排与言语的表达风格。

问题解决的学习是一个广义的范畴。基于类别的关系学习与创生之外，为言语理解与表达需要而产生的学习都可以称之为问题解决的学习。善于学习的人，能从没有联系处看到联系，能从简单联系处发现更为丰富的联系，由此，言语理解的困难自然被消除。同时，当前面所述的类别关系特征成为过于固化的认识模式时，问题解决的学习还包括打破类别，重新建构新的联结，从而获得新的言语意义。

问题解决的学习属于更高层次的语文联结性学习方式。在这一类别的学习中，学生不停留于一类言语结构的识别，类与类之间的言语结构的发现。他们能切合自己的内心选择自己所需要的联结，也可以建构个性化的联结，获得新的言语理解。发现、选择与重新建构，是学生言语智能成长的重要路径。

第四节　意合：同义形式下的情境选择

语言是沟通的纽带。俗话说，人有人言，兽有兽语。动物用声音语言、气味语言与行为语言等传递信息或情感。例如，蟋蟀能利用翅膀摩擦发出的像乐曲一般清脆动听的声音来表现它们的种种“感情”；担任哨兵的白蚁能从很远的地方，就发出敌情“报告”，用自己的头叩击洞壁，通知巢中的蚁群立即撤退；母鸡可以用七种不同的声音来报警，它的同伴们一听便知：来犯者是谁，它们来自何方，离这儿有多远；当猎人走进森林时，喜鹊居高临下，叽叽喳喳地发出了警报，野鹿、野猪和其他飞禽走兽便不约而同地四处逃窜。相比动物而言，人类并没有身体的优势，没有獠牙和利爪，没有翅膀，也没有强健的肌肉。人类的优势在于智慧，而这种智慧依靠语言得以共享和传承。相比动物的声音语言、气味语言和行为语言，人类的语言极其复杂。人类依靠语言，能互相交流与沟通，能共同生活与劳作，能将积累的经验和知识口耳相传，从而推动历史的发展。语言是人类独有的特征，这也是人将地球上其他物种甩在身后的原因。

汉语，是意合型语言。不同民族有着不同的文化传统，有不同的思维模式、表述习惯，也有不同的言语形式。汉语是非形态语言，组合的灵活性是公认的事实和特点。对此，王力先生有一段生动的描述：“西洋语的结构好像连环，虽则环与环都连贯起来，毕竟有联络的痕迹；中国语的结构好像天衣无缝，只是一块块地硬凑，凑起来还不让它有痕迹。西洋语法是硬的，没有弹性的；中国语法是软的，富于弹性的。唯其是硬的，所以西洋语法有许多呆板的要求；唯其是软的，所以中国语法只以达意为主。”这种“以达意为主”的组合，我们习惯称之为“意合”。“意合”在语言上的表现，就是重意轻言。只要能够意会，语言上就可以大大省略，即使因此而显得句子结构不完整也没有关系。较为典型的，应该属元代马致远所作的一首小令《天净沙·秋思》：“枯藤老树昏鸦，小桥流水人家，古道西风瘦马。夕阳西下，断肠人在天涯。”五句二十八个字中，竟然包含了“枯藤、老树、乌鸦”等十个景物，且景物之间几乎不用连词。但是，作者却以这些景物成功地为我们设计了一幕幕的景，景里有物，景里有人，景里更有断肠人的愁苦之情。萧瑟的景色让人满目凄凉，又以温馨的小桥、流水、人家作为反衬，使愁情更为深切，让人读来，心生悲凉。“枯藤、老树、昏鸦”等名词，孤立地看，都不能表达什么明确的意义，可是和“断肠人”一碰撞，就产生了奇妙的反应。

中国常用汉字只有3000多个，但有限的汉字与汉字间不断地排列组合，产生联结，就产生了无限的意义。组合方式改变，意义也可能相继发生改变，譬如“屡败屡战”和“屡战屡败”。再如，“打球我不如你，可游泳你不如我。”与“游泳你不如我，可打球我不如你。”句子内容相差不大，可因句序的改变，意思也发生了变化。第一句所表达出的我不服输及得意的心态，第二句则体现出对别人的安慰。洪堡特说：“在汉语的句子里，每个词排在那儿，要你斟酌，要你从各种不同的关系去考察，然后才能往下读，由于思想的联系是由这些关系产生的，因此，这一纯粹的默想就替代了一部语法。”人们在表达一个词、一个句子乃至一段话时必须与意义整体紧密联系在一起。作品建构的语境就是由一个个汉字以逻辑或非逻辑方式连缀所形成的意义整体。

汉语还具有多义性和同义性的特征。语言的多义性与同义性是一个事物的两个方面，是对立的统一体，它们相互联系，相互转化。一个语言单位可以有不同的语义，打开字典，一个词条后面往往有多种义项的解释，例如“行动”一词，第一种义项是“走动、行走”，第二种义项是“为达到某种目的而进行的活动”，第三种义项是指“举动”。反过来说，不同的语言单位也可以有相同的意义，例如同样表达“高兴”的意思，可以用“喜上眉梢、眉飞色舞、喜出望外、乐以忘忧、心旷神怡、手舞足蹈、兴致勃勃、扬眉吐气”等不同的词语来表达。和语言的多义性一样，语言的同义现象可以出现在语言自身，也可以在言语交际的过程中，在一定的语境里发生。

汉语的多义性和同义性特征，决定语言的运用过程中可以根据特定的语境进行同义形式的选择。同义形式的选择在言语的运作中体现为话语的转换、调整与重新组合，其中有语法转换，有修辞转换。语法转换是技能，修辞转换是修养。技能是基础，没有相应的基础，所谓“能力”只能是空中楼阁；修养是语言艺术的源泉，没有相应的修养，所谓“能力”只能是无源之水。

修辞学最重要的功能是表达功能，它本来就是因表达的需要而产生的。陈望道在《修辞学发凡》里开宗明义地说“修辞原是达情传意的手段。主要为着意和情，修辞不过是调整语辞使达意传情能够适切的一种努力。既不定是修饰，更一定不是离了意和情的修饰。以修饰为修辞，原因是在专着眼在文辞，因为文辞有修饰的余裕；又专着眼在华巧的文辞，因为华巧的文辞较有修饰的必要。而实际，无论作文或说话，又无论华巧或质拙，总以‘意与言会，言随意遣’为极致。在‘言随意遣’的时候，有的就是运用语辞，使同所欲传达的情谊充分切当一件事，与其说是语辞的修饰，毋宁说是语辞的调整和运用。”吕叔湘先生说过：“修辞学，照我的看法，应该是在各种可供选择的语言手段之间——各个词语之间，各种句式之间，各种篇章结构之间，各种风格之间——进行选择，选择那最适合需要的，用以达到当前特定的目的。”吕先生所说的，就是“同义形式的选择。”王希杰也认为，修辞活动是一种语言手段的选择性活动，这一选择主要是在各种各样的丰富多彩的同义手段中进行的。无论是语法转换，还是修辞转换，言语形式一旦形成，就作为“表层结构”联结了作者内在的“深层结构”。乔姆斯基提出“转换生成语法”学说，其基本观点通俗地说，就是人们心理上的认知（深层结构），演化成具体的语言形式（表层结构），要经过一个投射、衍生、变化的过程（转换）。需要我们透过语言的外在形式，把握内在的言语意义，及把握作者的“深层结构”。

汉语学习要符合汉语的特性。学习英语，可以熟记 26 个字母，积累丰富的词汇，理解语法，熟练运用技能。但积累词汇与技能训练不是学习汉语的主要方式。学认读独立的汉字，要善于发现汉字内在及汉字之间的联结。汉字是最独特的文字。大多数汉字的形与义之间具有紧密的联系，能见形知义。例如，何为“父”？手持石斧，为家庭带来食物的成年男子。何为“母”？跪坐在地，正在给婴儿喂奶的女子。从“人”“雨”“石”“火”等字形，可以联想到字义；从“林”“看”“休”等字的部件组成，可以猜测出大致含义；从

“江河湖海”“松柏翠竹”，可以大致推想出字义的类属。汉字之间还具有关联性。“跑、泡、抱、炮、刨、袍”，虽声旁相同，却因形旁差异，字义也天差地别。有些词语，一字之差，字义或者情感色彩也就截然不同，例如“自豪与自傲”。认读一个汉字，要思考：从古至今，这个字的字形是否有演变？为什么有这样的变化？这个字的字音、字形与字义之间，存在什么关联？这个字与其他相近或相反的字，有什么样的关联？这个字可以和哪些字组合搭配？不同的搭配，意思有什么样的变化？

汉语是意合的，在具体运用的时候，会根据话语表述的主题，进行同义的选择。因此，字、词、句、段一旦进入整体语境，就不再是独立的个体。读字、读词、读句、读段、读文，必须联结整体的语境。汉字，在具体的语境中才有特别的意义。的确如此，话语语言学认为，孤立的、脱离语境的句子我们有时很难理解其意义，对这样的句子进行研究实际意义不大，应该把句子放到具体的上下文中去理解，话语的理解离不开语境。另一方面，话语无论口头的还是书面的，无论长短都有一个主题，即话语表达的中心思想，话语的组成部分都统一在主题之下，都要受到主题的制约，主题决定内容的取舍、形式的选择，这也反映了话语受语境的影响和制约。

在李福印编写的《语义学概论》中提出了意义的五要素说——对象、概念、符号、使用者和语境，而这其中也提出了语境要素在语言表达中的作用：“意义可以有语境参与，也可以没有。有语境参与，语境要素得到一定程度的突显。若没有语境，那么这句话表达的就是句子意义，是通过语言符号来表达独立于语境之外的静态意义，此时语境并没有完全消失。若语境加入其中，就变成了话语意义。话语意义是具体的，是和一定交际条件密切相关的，具有交际价值，是动态的。意义由静态变为动态的过程就是语境要素突显的结果。”冯广艺主编的《汉语语境学教程》一书中也提出：“句子的意义是句子本身固有的，它是一种抽象的意义，这种句子意义是句子的基本义，是句子字面的意义，它是不随语境的变化而变化的。这种意义是一种静态的、理想的意义，它的前提条件是句子不进入交际活动，因此这种意义一般存在于字典、词典中，也叫作‘字典意义’。实际上，任何句子的功能都是交际，也就是说都要进入一定的交际语境，而句子一旦进入语境，变成了话语，它的意义也变成了‘话语意义’，而话语意义要受语境的影响和制约。”因此，很多时候，我们需要结合具体的语境才能理解句子背后真正的意味，即句子的“话语意义”。

同一个词，同一个句子，在不同语境下，会出现不同的理解。例如“真想不起来”，在一定语境下，可以理解为“遗忘了，再也回忆不起来”，在另一语境下，也许又可以理解为“很困，很懒，就是不想起床。”同一个词，同一个句，同一个表达方式，在不同的语境下，会出现不同的表达效果。例如“你好啊!”这句话应运用于两人见面的时候，表示真诚与热情的问候；当运用于人与人之间发生纠纷，一方咬牙切齿地说“你好啊!”一句时，则带有气愤与威胁的意味。例如《姥姥的剪纸》(苏教版六年级上册)一文中有这样三个词语:“调皮蛋、挑剔、刁难”。如果脱离文本，三个字都表示贬义。可是放入课文，词语却表达了作者与姥姥之间深厚的祖孙情。再如《月光启蒙》(苏教版五年级下册)中有这样一句话:“黄河留给家乡的故道不长五谷，却长歌谣。”前一个“长”字的表面意思，即生长；后一个“长”却有隐含义，即流传。用“长”来形容歌谣，给人一种蓬勃生长的意蕴，体现家乡人在困苦生活中所表现出来的坚强与乐观。

斟酌词句时，要思考:为什么用这个词，而非那个词？这句话为什么这样写，而非那样写？从而发现言与意之间的联结，去审视作者如何由言及意，由意及言。由此，获得言与意内在转换规律。《夹竹桃》一文中，作者为什么要写“然而，在一墙之隔的大门内，夹竹桃却在那里悄悄地一声不响，一朵花败了，又开出一朵，一嘟噜花黄了，又长出一嘟噜”这一句呢？为什么不写成“与院子里的花不同的是，夹竹桃总在那里开花”？花影迷离的花引起我许多的幻想，可是作者却没有用一句话带过，而是细致地描述了三幅幻想之图，这又是为什么呢？揣摩词句的贴切，是探寻作者话语意图的重要路径。

阅读一段文字时，要思考：这篇文章中为什么一定要写这些话，为什么要放在这个位置写？从而由上至下，由下至上，准确理解和真切感受文章所要传达的情意。阅读一篇文章时，要思考：作者写这些，这样写，最终想表达的是什么？从而透过言语的表面现象，去发现言语内在的本质，并构建言与意之间的关联。由此，由表及里，把书读厚，实现阅读的深化。

第五节　从联结性学习到联结性教学

最初，联结是心理学中的概念。桑代克提出了学习心理理论——学习的“联结觉”，把学习看成本能的、被动的，或是完全受情境决定的过程。华生是行为主义心理学的代表之一，关于联结，他的观点与桑代克截然不同，他认为环境决定了一个人的行为模式，除人类与生俱来的反应之外，其他的行为都是通过条件反射建立新刺激—反应（S-R）联结而形成的，强化是学习成功的关键，其学习过程是不可知的。认知主义将学习比喻成计算机的处理过程，认为学习是一种输入、在短时记忆中处理并编码储存于长时记忆的过程。皮亚杰的认知发展理论摆脱了遗传和环境的争论，认为心理发展是主体与客体相互作用获得建构的结果，他把联结放入建构主义理论视角，强调学习的过程即是儿童不断地主动建构的过程。“关联主义”理论则认为学习是一种“连接”，“学习就是形成网络”，就是在相关的节点间建立有效的连接。学习不仅存在于个体自身，也存在于各个专业化的节点中，学习的关键在于将相关的节点（信息源）连接起来，形成学习网络。这种连接可使学习者学到比现有的认知状态或知识体系更多、更重要的东西，使个人学习和组织学习统合起来，通过“个人—网络—组织”这种知识发展的循环使学习者在各自的领域中实现与时俱进。

行为主义、认知主义、建构主义、关联主义，不同的理论产生于不同的时代，后者在前者的基础上，继承、推翻与发展，都具有独特的价值。学习过程无论是可知的还是不可知的，发生于个体内在的还是发生于个体外部的，是线性的还是立体网络化的，“联结”是人类学习的本质，更符合儿童学习的内在规律。

张光鉴先生所作的《相似论》给予我们很大的启示。相似性是普遍存在的，“不相似”与“相似”辩证统一。《相似论》中提出：人们在学习实践中积累起来而贮存在大脑中的知识单元，我们称为“相似块”。人们在对外界的认识过程中常常要依赖它的存在。学生在学习过程中，不断地与大脑中原“相似块”相匹配，从似乎并无关联的事物中间找到联结，发现共同或不同，从而达到理想中的学习效果。

小学语文组块教学基于组块原理，将零散的教学内容重组，转化为综合性、立体化、板块式的言语实践活动，引导学生通过联结性学习和自主性建构，获得语文素养的整体提升。其中，联结性学习是组块教学的实践构想之一。组块教学视域中的联结性学习，是指个体发现、把握并重构知识经验之间的逻辑关系而得其智能意义的学习方式。联结性学习与“组块”“相似论”、行为心理学、建构主义心理学，在本质上是相统一的。联结性学习，具有一定的学理依据。

语文学习与其他学科学习有所不同。语文学习的对象是汉语。汉语是意合型的语言，一段话，一篇文，以“意”统“形”。在语言运用过程中，根据“意”，进行同义形式的选择。因此，汉语的学习要符合汉语的特性，把独立的字词句段等放置于特有的语境，由“意”去考量，才能真正找到“话语意义”；发现“话语意义”的过程，也是捕捉文本“意”的过程。由此，“言”与“意”获得本质的联结。因此，联结性学习符合汉语学习的特性。

阅读教学的根本变革是学生语文学习方式的变革。叶圣陶说过，国文教学有它的根本任务，就是阅读和写作的训练。第一，必须讲究方法，怎样阅读才可以明白通晓，揭其精华；第二，必须使种种方法成为学生终身以行的习惯。成尚荣先生在《开启“语文的世界”》一文中也提出：“语文教学不只是引导学生关注内容，更重要的是引导学生以一种适合的方式去寻找和发展。方式是一把钥匙，可以打开‘世界的眼睛’。”从儿童视角来说，联结是在组块教学理念下，儿童获得语文学习经验的一种有效的学习方式。在语文联结性学习中，学生能从文本的开放结构中，学会发现与建立文本内在、文本与文本，文本与自身之间等存在的普遍联系，并形成结构。语文联结性学习，对语文教学具有独特的价值。

教学是一个整体，重在处理“教”与“学”的关系。学生是学习者，教师是帮助者，“教”是为了更好地“学”。这对教师的“教”提出更高的要求，要求教师从单纯的传授者变成学生学习的引导者和帮助者。教师既不能搞“填鸭式”的灌输，又不能“推卸式”的放任。教师需要给学生足够的时间和空间，在学生需要的时候出现，即“该出手时才出手”“该出手时必出手”，该放则放，当讲则讲。简而言之，教师的“教”需符合学生内在的学习规律，符合学生的自我学习需求。学习联结，获得意义，是学生学习的本质特征。从这一角度，我们可以发现：联结教学是基于学生学习本质的一种比较适切的教学方式，可以帮助学生建立联结，主动联结。语文联结教学的最终目的，是顺应学生语文联结性学习的特性，以提升学生的语文素养。

第二章

联结性教学的实践要义

第一节　联结性教学的概念内涵

无论是语文学科、儿童语文学习、还是语文教学，都蕴含着“内在的秩序”。按照《辞海》的解释，“秩，场也；秩序，常度也，指人或事物所在的位置，含有整齐守规则之意”。所谓“内在的秩序”，即事物的内在结构及其合乎规律的发展序列。但是，汉语“意合”的结构特征以及“言意转换”的学习规律，在百年语文的沧桑巨变中渐趋失落，以致语文教学失去“内在的秩序”，深陷“高耗低效”的泥潭。

一、语文教学失去“内在的秩序”

（一）听说读写之间的教学割裂

听说读写为学生所应具备的四项语文基本功。每一能力都有其自身的具体内涵。“读书破万卷，下笔如有神”，话虽如此，但太多的学生阅读广泛，却仍为写作而发愁；能说会道的学生，一拿笔杆却也是愁眉不展。这是普遍的现象。教师能把儿童语文能力的培养作为语文阅读教学的核心，但由于听说读写之间的内在关联未被揭示而只能力不从心。在具体的阅读教学中，这四项语文能力处于相互割裂状态，虽各自努力，却终因缺少互相关联而所起效果甚微。

（二）字词句篇教学的彼此孤立

汉语具有“意合”的结构特征。一个个汉字原本是独立的个体，但经过逻辑或者非逻辑的组合，汉字之间建立了联系，具有了原本所没有的丰富意义。作品建构的语境就是由一个个汉字所形成的意义整体。人们在表达一个词、一个句子乃至一段话时必须与意义整体紧密联系在一起。但是，在实际的阅读教学中，“只见树木，不见森林”的现象层出不穷，学生的语文学习只能停留于个体静止的字词句篇中。

（三）教学与学生生活的日渐脱离

语文教学是母语教学。母语必定是生活的，与人际交往密切相关。但许多教师把语法教学、语义教学等当作语文教学的主体，忘却了母语教学的核心，即语用教学。因此，阅读教学包罗了诸如语法等太多丰富的内容，唯独切断了母语的学习与学生生活之间的联系，把语文这一原本的整体变成了一个个独立的碎片。

（四）学生心理活动的相互离散

儿童本身是整体的。认知过程、情感过程、意志过程等是相互关联的统一整体。“带着赞美的感情朗读这一段话。”“请你努力养成阅读的好习惯。”这些习以为常的教学语言背后隐藏着教师对学生整体特性认识的缺失。没有认识，哪有自然流露的赞美情感；没有情感，怎能凭借意志去养成阅读的好习惯。一个心理活动不可能单独地发挥其功能。儿童心理活动的离散，是错误的儿童观在语文阅读教学中的表现。

二、发现与重建汉语“内在的秩序”

发现与重建汉语“内在的秩序”，回归汉语特有的联结性学习方式，促进儿童语文素养的整体提升，是每一个语文教师的时代使命。基于此：提出小学语文联结教学，旨在深刻理解与把握汉语文的结构特征，以联结性学习为基本方式，建立小学语文教学与儿童生命成长的内在秩序，促进学生语文素养的整体发展。

（一）因文而教

用普遍联系的观点发掘每一篇课文的教学价值，并据此确定其具体的教学内容，实现因文而教。①用三种视角解读课文。用一般读者的视角阅读，以发现文本的阅读价值所在；用儿童的视角阅读，以发现文本的阅读障碍所在；用教师的视角阅读，以发现文本的“关键点”，即儿童自己读可能读不懂、读不到、误读、错读之处。由此，可以确定用“什么方法”教儿童“读懂什么”，即具体的教学内容。②用三个层次的语言研判课文。伙伴式语言，旨在“规范语言”；目标性语言，旨在“学习模仿”；文学性语言，旨在“诵读积累”。如此，不同层次语言水平的课文便能确定其教学内容所在。③用三种类型给课文分类。经典诗文，其功能在于诵读涵泳，传承中华文化与奠定精神底蕴，文本就是教学内容；读写例文，其功能在于学习读写知识，形成读写能力，文本中的读写知识与方法才是真正的教学内容；知识小品文，其功能在于所载的知识信息或话题内容，文本的思想内容便是教学内容。运用联结的思维方式解读、研制课文的教学内容，可以最大限度地发挥文本的教学价值，且能使教学内容更为聚焦、简约，儿童与文本之间可以达成顺畅的联结。

（二）顺学而导

根据不同的学情，联系儿童已有的生活经验和语文经验，教师可将教学引向深入，导向儿童的内心世界和能力生长。①引向纵深。在学生浅尝辄止之时，引导学生联系文本与生活经验，抽取文本所言的意思进行概括；进而联系作者所处的文本语境，领会其所言的真实意图；而后反观作者意图的语言表达方式，领悟其中的妙处。如此教学，似开源掘井，让学生不时有一种阅读的发现之感。②导向自身。在学生似懂非懂之处，引导学生将自身的生活经验与文本的思想内容进行联系比照，从中读出自己，进而丰富自己的内心世界；引导学生将自身的语文经验与文本的表达方式进行联系比照，从中发现陌生的表达方法，提高自身的言语能力。③指向运用。在学生应知应会之时，引导学生积极运用所知所学解决生活中的言语问题，转知为能、化识为智，让学生获得语文学习的成功之感。

（三）随境而练

儿童的语文能力是在不同的语言环境中磨砺而成的，语文教学应随境而练，以实现知情意行之间、听说读写之间的顺畅转化。①在文本语境中实现“理解与感受”的融合。结合文本创设的具体语境，通过朗读、表演等学习形式，锤炼学生对语言的敏感力，加深意义理解和情意感受，获得对语言的整体感悟。②在问题情境中实现“认识与表达”的贯通。精心选取典型的生活情境，通过现象辨析与模拟解决等方式，锻炼学生的语言运用能力，丰富语文经验。③在交际环境中实现“倾听与应对”的通达。鼓励学生乐于与人交往，通过任务型活动，磨炼学生直面问题，培养积极倾听、机智应对的能力，增强语文意识，养成语文习惯。

（四）适性而为

语文教学的终极目标是为了儿童的生命成长，顺应儿童的天性，因材施教，将语文自然地融入儿童生命“内在的秩序”里。为了达到这一目的，教师在教学中应该做到以下几点：①保持儿童心灵的敏感力。儿童的心灵纯真无瑕，对事物有其特别的感受和理解，更接近事物的本真状态。而心灵的敏感与语言的细腻是不可分离的，保持儿童心灵的敏感力，就是保持儿童语言的纯洁性。语文教学中要拒绝过度成人化的解读与世俗化的诠释，还语文一个本真的世界。②呵护儿童天然的模仿力。儿童对话语有着天然的模仿力，语文教学应给予儿童文质兼美的语言作品，特别是适宜儿童阅读和复述、讲演的儿童文学，在模仿中获得语言的生长。③发挥儿童黄金期的记忆力。儿童期是记忆的黄金期，语文教学要创设条件，积极引导学生多诵读经典诗文，积累丰富的语言材料，为语文能力的发展奠定扎实的基础。顺应言语生命欲求，培养言语个性；唤醒言语生命意识，开发言语潜能；扶助言语生命成长，引领言语自我实现。适性而为，才能使教学与儿童的言语生命紧密联结。

因、顺、随、适，教学应顺应语文学科内在的规律，顺应儿童语文学习的规律，顺应语文教学的规律，顺应儿童言语生命发展的规律。在顺应中，“内在的秩序”被发现与重构，语文教学在适合的节律中，以结构的方法、整体的视域，实现儿童语文素养的整体提升。

第二节　联结性教学的实践表征

在语文联结教学中，学生可将文本中的各种关键点激活并建立内在的逻辑关系，改善认知结构，并形成相应的行为表征。

一、融入情境

言语智能生长于特定情境中的言语实践活动。情境的内涵是丰富的，可以指文本所提供的语言情境，也可以指课堂的教学情境，还能指学生的学习情境。在语文联结性学习中，融入情境中的情境，特指学习情境。学生进行语文联结性学习的基本特征为融入学习情境，自主发现，主动建构。

例如，在学习中，我们让学生自己找到"借景抒情"的语句，并概括出"借景抒情"的表达方法。我们不应该直接让学生习得"借景抒情"这一语文知识，因为学生在这过程所获取的只是名词概念，"借景抒情"这一方法类别所蕴含的"内在秩序"并未被学生所感受并理解。学生只有进入关于"借景抒情"的学习情境，把景物描写与自身情感体验相联结，发现景与情之间的内在关联，学生才算是真实的习得。

再以《夹竹桃》一文为例。作者对月光下的夹竹桃进行了幻想，并描绘了三幅幻想之图。学生对这三幅幻想之图进行了比较：相同在哪里？相同一，三幅画都是从静止的转化动态的。本来就是一幅地图，碰巧小虫子爬过，它就是远渡重洋的海轮；本来就是一个池塘，夜蛾飞过，就是池塘里的游鱼；本来就是一幅墨竹，微风吹过，这幅画竟变成了活画。由静到动，体现出了幻想的奇妙。相同二，三个幻想之图中所用的句式是相同的，"我幻想它是什么，它就真变成什么""我幻想是什么，眼前竟真的出现什么"。每一次的幻想，都让人体会到惊奇、惊喜。相同三，树影、小虫子、夜蛾、微风，三个幻想之图里的事物都是极为平常的，但是，作者却把这些平常的事物幻想成了地图、荇藻、墨竹等，使原本平常的事物变得不再平常。学生在如此比较的过程中，得到了发现。这时，他们就发现了文本字词句之间的联系，融入了学习的情境。

得到发现，这是融入情境的基本表现。学生能够在归纳出一组词语存在的内在规律后触类旁通，在头脑中及时提取与之相似结构的词语；读到老舍的《草原》(苏教版六年级上册)这篇课文，联想到老舍的《猫》(人教版四年级上册)等其他作品，发现老舍朴素自然的写作风格；从《军神》(苏教版三年级上册)中“一块会说话的钢板”，发现艺术形象与原本对象之间的差异，从而真正认识艺术形象；从《姥姥的剪纸》“密云多雨的盛夏，姥姥怕我溜到河里出危险，便用剪纸把我拴在屋檐下”中“拴”的不科学性，发现联结作者情感的通道等等。一次次的发现，学生可以触摸到形式与内容、文本与作者、文本与读者等之间的联系，获得真正的言语意义。

二、形成组块

改变线性的学习方式，以组块的形式进行学习，这是语文联结性学习的又一表征。“块”的学习，因知识内在联系的紧密性与结构化，更易建立言与意的联结。促使言语智慧的实践转化。

《晏子劝齐王》(人教版二年级下册)一文中的开头与结尾：

齐国已经很久没下一滴(dī)雨了。河水干了，田里的庄稼也枯(kū)黄了。齐王心里很着急，决定向山神求雨。

齐王听了晏子的劝告，就下令在全国各地多挖一些水井。有了井水灌溉(guàn gài)，齐国的庄稼慢慢变青了，百姓也不再饿肚子了。

把两个段落中的短语重组，进行短语组块教学。

第一组：很久没下一滴雨　河水干了　庄稼枯黄了

第二组：井水灌溉　庄稼慢慢变青了　百姓不再饿肚子了

一个教学“块”是以发展学生语用能力的目标群。在上述“块”中，以朗读、体悟、比较等方式，整合成一个综合的语文实践活动。第一，正确把握重音读出对词语对短语的理解。第二，发现每组短语之间内在的联系：正由于很久没有下一滴雨，所以河水干了，庄稼枯黄了；正由于有了井水灌溉，所以庄稼慢慢变青了，百姓不再饿肚子了。短语与短语之间具有内在的逻辑关系。第三，发现两组短语之间的关系："没下雨"对"灌溉"，"干了"对"变青了"，"枯黄了"对"不再饿肚子了"。两组相对关系的揭示，也是对晏子智劝齐王的最好理解。

对一个人来说，联结的能力是与生俱来的，就如巴甫洛夫的条件反射理论所隐含的联结原理。但是，这种先天的联结方法比较简单。两个语言材料之间的联系是事实存在的。但不具备联结能力的人，却难以发现或者只能发现其中单一的联系；具备较强联结能力的人，则能建构两者之间多维度的、多层次的联系，从而获得更为丰富的言语意义。联结，是可学习的。如何让学生去学习联结？组块是一种行之有效的策略。组块，使原本纷繁的内容变得简单了，言语形式与言语内容之间的关系得到清晰的揭示。组块，可以是在教师的指导下去发现，也可以让学生在学习中自主建构。

三、语言交际

不管是口头的言说，还是书面的表达，都为语言交际，这是广泛意义的概念理解。说明性文章，在于阐明事例，介绍事物；散文，在于赞咏事物，倾诉情感；记叙文以写人物的经历和事物发展变化为主要内容；童话通过丰富的想象、幻想、夸张、象征的手段来塑造形象，反映生活。不同的写作目的，构成了不同的语言交际意图。每一种特定的语言表达方式或语言结构，都具有独特的语言交际功能。掌握语言现象背后的语言规则，把握语言在传达信息时候所产生的"如何传达信息"的信息，能使学生更好地理解与把握语言交际的各种命题。

发现与建构语言交际意图下语言与语言之间多维度、多层次的联结，掌握语言规则，这是至关重要的。但是，语言的规则，语文的知识还需要在新的语言交际情境中加以运用，才能化知为能、转知成智。《灰椋鸟》（苏教版五年级下册）一文中，作者主要运用"一小群一小群、浩浩荡荡"等一连串词语描写了灰椋鸟归林时的壮观场景,又用了联想的方式表现了灰椋鸟归林时此起彼伏的鸣叫声。描写与联想,这是作者的基本表达方法,却是学生在日常写作中所缺乏的写作能力。比如让学生用所学的写作方法,迁移到"写群鱼遨游"的场景,能提高他们的写作能力。《三打白骨精》(苏教版六年级上册)一文,学生以比较的阅读方法,异中求同,同中求异,对孙悟空形象的认识更为丰满。此后,学生也能把比较这一阅读方法运用到新的课文学习中去。

《鞋匠的儿子》(苏教版六年级上册)中,林肯的说话蕴含了内在的艺术,学生应学会把握说话的艺术,并在实际生活情境中进行运用。《狼和小羊》(人教版二年级上册)一文中,小羊与狼的争辩如此有礼有理,却以失败告终,这与现实生活中"垃圾人定律"中反映的本质如此相似:应该让学生懂得生活中碰到"狼"一般的"垃圾人",无须以一般的道理去理论,去争辩,最好的办法是保护自己。

从一定角度来说,语文学习的过程,就是学生建构自己心理词典的过程。普通心理学提出:心理词典是指保存在人脑中的一部词典,它存储了大量的词条,每个词条又包含词的写法、语音以及词义等各种信息。在联结性学习中,学生获取语言交际的内在规则,并把规则运用于新的语言交际情境,于是,这些规则被纳入学生的心理词典中。不断丰富的心理词典,优化了学生新的语言交际学习。

四、组块破解

脑科学研究表明,学习就是学习者建立神经网络的过程。汉语是属于"意合型"语言。字词连缀顺序的变化,带来意义的变化及表达效果的迥异。因此,汉语的学习,主要准备把握字词句篇之间的内在关联,获得意义理解及运用法则。但是,如果这种规则固化不变,语言的价值所向也变为单一而僵化,语言本身所蕴含的无穷意义就显得有限了。因此,薛法根老师提出了"组块破解"这一概念。他认为,"尽管组块的存在能够极大地提高人们的信息加工能力，但组块也可能成为我们思维的障碍”。

还以《夹竹桃》一文为例。

(1)听一段话，老师念两遍。听完后，请你把这段话复述下来。这段话总共有四句话，要一下子记下来是有难度的。怎么记呢？一个办法：边听边速记(板书：速记)关键词，记住关键词，你就容易记住这句话。

(2)学生复述。你记了哪些词？

(3)出示一段话。几位同学速记下的关键词基本相同：第一组，红色、白色；第二组，火、雪；第三组，不相容、融洽；第四组，火上有雪，雪上有火；第五组，奇妙、有趣。请你读读这些词，能不能发现这些词语之间的联系？

组内词语基本一一相对。每组词语之间具有紧密的联系，先说两盆夹竹桃，一盆红色一盆白色，再根据红色和白色联想到火与雪，再从火与雪联想到火上有雪、雪上有火，两者融洽开在一起，最后让人觉得这景象十分奇妙有趣。

在作者眼里，红色的花与白色的花开在一起，是那么奇妙。这是我们经常的理解。但是，这种理解与学生内在的情感体验是无法建立联结的。为什么红色的花与白色的花在作者笔下就变得奇妙呢？为什么我们也写这两种颜色的花就没有那样独特的奇妙感呢？在以上教学案例中，学生在发现词与词之间一一相对的联系后，又发现句与句之间的联系。由此充分体验到：正由于作者产生的奇妙的联想，才使平常的红与白显得如此奇妙。打破了原有的表面认识，获得独特的个性化的阅读体验，是阅读教学的价值所在。

再如“床前明月光，疑是地上霜”这一诗句，月光与霜的对应，成为诗句理解的关键意象。因为理所当然，这首诗所蕴含的思乡之情往往止于这两字词间的意义联结。其实不然，“床前明月光”中的“床”不是睡觉的床，而是马扎，即小凳子，古称“胡床”。也就是说，李白坐于马扎，由于思乡而根本未眠。由此，“床”这一情感意象与“明月”，与“霜”的联结，使得整首诗具有了更丰富的意蕴。

组块破解，打破常规，是一种创造性的阅读，也是更高层次的语文联结性学习的表征。它使学生的语文学习与自身的日常生活，自我的各种心理要素有了更紧密的联结。当然，原本的组块所隐含的关系越紧密，破解的难度也越大。但是，学习破解，能使学生获得更深层次的阅读体验与学习收获。

第三节　联结性教学的基本方法

联系是一个哲学概念，指事物内部矛盾双方和事物之间所发生的关系。事物的联系是普遍存在的、多种多样的。语文教学中，如何让学生去发现联系，将各种激活点相联结，将各属性联系成整体，从而主动获得意义联结呢？不妨以“联结六问”打开语文联结教学的通道，从而使学生获得语文学习的经验。

一、本来是怎样的

文本，大多塑造了一个个美的艺术形象。学生与美不期而遇，却不知如何欣赏。“这个语句形象生动地表现了……”如此概念式的套话，简单化了对美的理解，肤浅化了对艺术形象的认识。赋予了艺术的对象，在西方现象学看来，都是主观的、观念化了的、价值化了的。用孙绍振先生的话来理解：艺术之所以称之为艺术，就是因为它不是等同于生活，而是作者的情感特征与对象特征猝然遇合。因此，现象原来的模样与艺术化了的形象之间虽存在相似，但实有差异。应揭示差异，构成矛盾，从而认识形象，理解艺术。

【案例】

《天鹅的故事》(苏教版四年级下册)语段：

突然，一只个儿特别大的老天鹅腾空而起，可是它并没有飞走，而是利用下落的冲力，像石头似的让自己的翅膀和胸脯重重地扑打在冰面上。

作者把老天鹅比喻成石头似的。什么是比喻？两个事物之间存在共同特征才能作比。此情此景中的老天鹅，与石头一样，具有强大的下落冲力。两者之间的特征是统一的，却不具有情感色彩。由此，老天鹅这一艺术形象难以勾连起读者内心的震动。然而，老天鹅原来是怎样的？它是一只天鹅，是一个活生生的物体。它利用下落的冲力扑打冰面时，需要忍受剧烈的疼痛，需要付出无比坚决的勇气。每一次的撞击，都是一次生命的考验。老天鹅原生状态的"还原"，揭示了原来的形态与作者笔下的艺术形象之间统一之外还存在着的差异，原本存在于物理状态的特征就变成了情感特征：老天鹅这一生灵似乎把自己当成没有生命的石头，去赢得生命希望的欢呼，表达了作者对生命的敬畏。

毛泽东在《实践论》中写道："感觉到了的东西，我们不能立刻理解它，只有理解了的东西才更深刻地感觉它。"就如《军神》一文中沃克医生对刘伯承"一块会说话的钢板"的赞叹，再如《夹竹桃》一文中作者季羡林"宛如雪上有火，火上有雪"奇妙景象的联想等，只关注艺术形象与对象之间的统一性，文本提供的结构就只能视而不见，熟视无睹，感而无知。即使对形象有所知，也只是对原来知识的简单重复，抑或是标签式的应答。学生如果以"本来是怎样的？"为切入口，就能自主发现相似中的差异与矛盾，从而真正认识艺术形象。文字，因为有了理解，所以有了切实的意义。

二、与预期有何不同

在皮亚杰的认知发展理论中，图式是指一个有组织、可重复的行为模式或心理结构，是一种认知结构的单元。图式一旦形成，具有较强的稳定性。固定的心理图式在一定意义上决定着人对新事物的认知。预期没有的，新事物中明明存在，却硬是看不见。学生阅读心理图式一旦存现为静止、封闭状态，学生与文本之间便会出现不可逾越的沟壑，文本的本质意义就会缺失。因此，开放心理图式极其重要。

《爱之链》(苏教版六年级上册)一文刻画了一个乐于助人的角色:乔依。基于学生主体图式中的当代生活经验,乐于助人的形象对学生来说并不陌生。乔依做了什么事?在老妇人遇到困难的时候帮助了她,而且不要老妇人的钱,这就是乐于助人。阅读如果止于此,乔依就是外国的“雷锋”,但是,乔依就是乔依,他不是概念化的“雷锋”。

乔依的助人为乐与预期的有什么不一样?乔依失业了,妻子即将生产,家庭经济窘迫。在如此凄凉的境遇中,乔依帮助了老妇人,仍然不肯拿老妇人的钱,因为他觉得帮助人是天经地义的事情,他以前在困难的时候也经常得到别人的帮助。乔依的助人,不是纯粹意义上的好人好事,而是诠释了爱之链的前不见头,后不见尾,爱的传递无极限。

艾滋病小斗士恩科西面对命运顽强抗争,是一位生活中的英雄;永远的白衣天使叶欣抗击“非典”,是一位奋战在没有硝烟的战斗中的英雄;花木兰替父从军立下战功,却是不失女儿情态的英雄;船长哈尔威是巍然屹立在船头、履行船长职责的英雄……同样是英雄,与预期的有什么不一样?发现不一样,才能找寻到只属于“英雄世界”的独特。

黑格尔曾经提出这样一个著名论断:“熟知非真知。熟知的东西所以不是真正知道了的东西,正因为它是熟知的。”确实如此。虽然熟知是走向真知的必然途径,但如果止步于熟知,熟知就成为获得真知的枷锁。读一篇写植物的文章,枝、叶、花等内容框架就出现在头脑;看到写一位清洁工的文章标题,严寒烈夏工作场景就在眼前浮现;读到描写自然景观的文字,景色优美,物产丰富等词汇就自然迸发……这些头脑中预期的心理图式固然有用,但是,作家写东西,往往选择的是独特的对象,赋予的是独特的情感,这是文本的本质意义所在。独特,不是一个固有模式所能涵盖的。停留于模式化的阅读,就如在冰面上滑行,让人看不到作家所看到的,读不到作家所写到的。

人的心理功能比较奇特,在心理预期以内的就开放,在心理预期以外的就封闭。与预期的有什么不一样？在疑问中，学生尝试打开心理预期，排除原有心理图式中生活经验，情感体验，阅读认知等封闭性的压制，就能真正触摸到文本的意义。

三、相似在哪里

相似论认为，倘若我们能从该事物所显现的各种现象中发现在自己的大脑中已经贮存了与之相似的丰富实践经验，并且还能够从这些现象后面把握其中某种本质的相对不变的相似关系的话，那么，我们就可以说，我们的认识已经进入到对该事物某种规律的认识阶段了。作家行文，一般总追求变化。变化，使文章读来富有情趣，包含韵味。但是，透过纷繁的语言现象，我们也能够发现其背后不变的东西：逻辑结构。

薛法根老师执教《猴子种果树》（苏教版二年级下册）一文时，抓住三个雷同段落隐藏的相同结构进行教学：知结构、用结构、化结构。学生在发现结构的学习中，就能举一反三，触类旁通。

从五年级开始，教材中出现了议论文体。每篇议论文阐述的观点不相同，观点的提出方式不相同，所论证事例也不相同。但是，其不同背后自有议论文体相同的地方：议论文的文体结构。即使在同一篇议论中，用以论证的事例中也包含着相同的特征：围绕论点，择其要点简洁叙述。

《爱之链》是一篇外国小说。从主题来说，它具有独一无二的文本意义。但是，从小说角度来说，它与其他的小说具有相同的地方。如，与《桥》（人教版五年级下册）一文一样，文章设置了出乎人意料的结尾。再如，和其他小说一般，小说中每个情节的变化，都包含着情感因果。前不见头，后不见尾的情感因果，才构成了爱的链条，也使出乎意料的结尾又在情理之中。

季羡林的每篇散文，都是一个独特的世界。但是，把这些散文放在一块，你就会发现季老先生的文字如此富有情趣的原因所在。“夹竹桃虽然不是名贵的花，也不是最美丽的花，但是对我来说，却是最值得留恋最值得回忆的花。”“然而，在一墙之隔的大门内，夹竹桃却在那里……”“但是夹竹桃的妙处还不止于此。”……不经意的一转折，一递进，作者的情感就流露于文字间。独特的行文方式，就成为季老先生作品的内在结构。

“相似在哪里?”富有经验的中医，总能从一个人关乎于“肝脾肾”等复杂脉象中，从相似处发现使其致病的原因，从而对症下药。学生阅读课文，学习从变化中寻找不变，发现其内在逻辑结构，并贮存于大脑中的“相似块”。“相似块”大量积累后，在面对新的语境时，学生能用“相似块”的信息，去对照、分析那些比较复杂的言语现象之间的共同点，从而达到对言语现象本质规律的认识，达到“以类行杂，以一行万”的阅读效果。

每篇课文都蕴含着作者的言语表达意图，这种意图是通过作者独特的言语逻辑结构表达出来的。学生只有练就内容与结构之间勾连的能力，才能回到语文学习的本真，即发现逻辑结构，辨析运用逻辑结构，发展自己的言语智能。

四、这符合科学吗

余光中在《剪掉散文的辫子》中，强调散文的“独创的句法和新颖的词汇”，认为“对于文字敏感的作家，必然有他专用的词汇，他的衣服是定做的，不是现成的。”一个人来到桂林漓江，如果他用“桂林的水真静啊，静得……”这种句式来抒发情感，那么，他表达的只是别人的感受，借用的是别人的语言。个人独特的感受，往往隐藏于“私人定制”的语言符号之中。散文如此，任何文学作品亦是如此。因为独创，因为新颖，许多词语陌生化了，甚至读来不太精确，不太符合一般逻辑。

《夹竹桃》一文语段：

然而，在一墙之隔的大门内，夹竹桃却在那里悄悄地一声不响，一朵花败了，又开出一朵，一嘟噜花黄了，又长出一嘟噜。

这符合科学吗？显然不符合。花都是先开再败，再开再败，这是符合自然规律的。但是，作者季羡林笔下的夹竹桃却先败再开，先黄再长。难道夹竹桃的开花违背自然科学吗？显然又不是。作者如此刻画夹竹桃，意为突出其韧性。季羡林看夹竹桃,实则在看自己经历逆境的人生。因此,怀着对夹竹桃独特的感情,作者能从平常的花木上,看到一般人所看不到的人的品质。

《阳光启蒙》(苏教版五年级上册)一文语段:

黄河留给家乡的故道不长五谷,却长歌谣。

这符合科学吗?显然又不符合。歌谣能创作,能流传,但它不是五谷,怎么能长呢?歌谣与"长"字搭配,是一种陌生的搭配,但写出了那个地方歌谣的蓬勃生机与活力。不长五谷的地方,生活是贫穷的,但是,一个"长"字,却让人感受到那块土地上祖祖辈辈的人对待生活的坚强与乐观。

"密云多雨的盛夏,姥姥怕我溜到河里出危险,便用剪纸把我拴在屋檐下。"(《姥姥的剪纸》)"明明咯咯的笑声银铃般清脆,一串一串地追着人走。"(《番茄太阳》,苏教版四年级下册)如此独特的句子,在教材里并不鲜见。在科学家眼里,这都是不合常理,是不科学的。但是,在文学艺术里,这偏偏又是最奇妙的,最符合作者情感特点的,最能体现作者精细的感觉。清代诗话家吴乔把这样的现象叫作"无理而妙"。孙绍振先生在《表达力:语言的常规用法和超常规用法》中说:"有时候,恰恰有这样的现象,越是看来不正确的运用,越是精彩;越是不伦不类的运用,越有趣味。"

超越常规,颠覆词语,违背理性逻辑是外在,作者含蓄而丰富的情感却内隐在情感逻辑之中。这符合科学吗?学生在阅读的时候可以多问一问自己,循着作者似乎歪曲与变异的感觉,作为挖掘作者深层情感的索引,可以还原作者的情感逻辑,读懂作者的"私人定制"。学生的叩问,是对陌生语词的敏锐捕捉,更是联结作者心灵的重要路径。领略无理中的奇妙,是文学性欣赏必须具备的语文学习眼光。

五、为什么不那样写

读到一篇好文章,碰到一些好的语词,以对美的直觉认识到:这是美的。但是,美在什么地方,妙在何处,却说不出其所以然。及至于这种美的感觉在头脑中逗留片刻,便施施然离开了。鲁迅曾经说:“凡是已经定评的大作家,他的作品,全部就说明着‘应该怎样写’。只是读者很不容易看出,也就不能领悟。因为在学习者一方面,是必须知道了‘不应该那么写’,这才会明白原来‘应该这么写’的。”

《夹竹桃》一文第四自然段的第一句话写夹竹桃的韧性,第二句话写的也是夹竹桃的韧性,第三句话还是写夹竹桃的韧性。同样一个意思,为什么不用一句话写完,而是反复说,反复说呢?反复是为了充分表达自己的情感。三句话都在写夹竹桃的韧性,既然意思一样,顺序可不可以颠倒呢?实际上三句话,角度不一,且按照这样的顺序层层深入、推进,作者表达的感情也就越来越浓烈。

《天游峰的扫路人》(苏教版六年级下册)一文中,出现了两段外貌描写。写人的文章,一般集中一段写外貌,这篇文章为什么不那样写?第一次外貌描写,是作者寻声识人,不带特别的感情,看在眼里的只是一个普通的扫路人。第二次作者却带着敬意去打量,看到的是一位令人敬佩的天游峰的扫路人形象。认识的不同,看到的人物形象自然也就不一样了。

“形式为自己创造内容。”(什科洛夫斯基语)任何的言语形式都表述了两个内容。一个内容是一眼就能看见的,即它所表述的内容,就如“今天的太阳真好!”一句所陈述的“太阳好”这一事实。另一个内容是需要去用心发现的内容,即形式为自己创造的内容,是形式本身所产生的内容。“真好!”两个字、一个感叹号,除了陈述太阳好的事实外,也许还传递着说话者快乐的心情,表达着说话者对美好生活的感慨。

为什么这样写,而不是那样写?可以用替换的方式去寻求对比。一般是那样写的,把一般与特殊进行对比。相同内容的文章是那样写的,选择相同题材、不同形式的文章加以比较。就如《埃及的金字塔》(苏教版五年级下册)一文,散文的开头与说明性文章的开头迥然不同。让学生在两者比较的过程中,找出其中的差异,从而探索到言语艺术的魅力,准确把握作者心弦的命脉，理解作者的内心。学生自我问答，自我发现，在独特的言语形式中蕴含的东西，比在言语内容中表达出来的东西更真实、更丰富。既知道文本表面的语言现象，也知道这一语言现象背后的奥秘，它使学生可能浮于浅表的理解走向深刻。

六、它们之间有联系吗

从微观上，作品内的上下文构成了一个个完整的语境。它包括句段篇、作品内的言语形式、写说者的“题旨”、语体风格等。汉民族整体思维的方式牵制着汉语，使语境内的段落呈环状或者螺旋形，即段落以反复而又发展的形式对一个主题加以展开，讲究起、承、转、合，追求整体效果。一个字，一个词，一句话，甚至一段话的存在都与整体语境相联结。同时，语境内个个语言现象之间也密切相连。

薛法根老师认为，语文学习就是要从众多纷杂的语言现象中发现并提炼出具有交际功能的言语结构，通过对言语结构的学习和把握，就能改善大脑的言语认知结构，从而使零散的语文知识（程序性知识）学习结构化、序列化。确实，从一定角度上来说，语文学习就是发现联系的过程。

以《树叶都是绿色的吗》（苏教版四年级上册）为例：

第一组词语：妇产科医生　女学部委员　医疗实践　医疗第一线工作　值班医生　第一手材料　治疗经验　创造奇迹

第二组词语：著名的妇产科医生　第一位女学部委员　非常重视医疗实践始终坚持在医疗第一线工作　做一辈子值班医生大量的第一手材料　可贵的治疗经验　一再创造奇迹

散状的词语之间有联系吗？有。一旦发现了其中的联系，词语就不再是单纯意义的语言符号，而是语境内不可或缺的言语现象。第一组词语联系成为一个整体，人物的职业特征就能清晰呈现。第二组词语相互勾连，则充分表现了人物的形象：林巧稚是一位热爱工作的、著名的、优秀的妇产科医生。联系归类，词语之间形成了内在的结构；词语组合，形成了类别；修饰词的运用，勾勒了人物的形象。

《姥姥的剪纸》一文中，有“心灵手巧”等直接表达褒义感情色彩的词语，有“刁难、挑剔”等贬义词的反衬，有一组组隐含情感的关联词等。不同感情色彩的词，相联系成一个整体，表达祖孙俩之间浓厚亲情。

《夹竹桃》一文中，作者季羡林勾画了月下花影的幻想之图。这样的花影我们可能没看过，即使看见了，也视而不见，更不会写下如此有情趣的文字。这样的文字和作者有联系吗？有联系。什么样的人就能写出什么样的文字。

《埃及的金字塔》一文中，作者用了作比较、举例子、做假设等说明方法介绍金字塔的宏伟与精巧。这些说明方法之间有联系吗？有联系。虽然具体说明方法不同，但是作者同样地把事物特点与生活比照，从而使语言变得通俗，事物变得更为形象。

它们之间有联系吗？联系是普遍存在的。世界上没有一样事物是孤立的。多人为众，人与人之间必然建立联系。组成事物的要素也不存在孤立，它们之间错综复杂的关系组合才使其成为这一事物而非另一事物。这种组合的整体思维让没有联系的事物发生内在联系，产生了新的意义。文本也如此。中国人用汉字组成的词句进行思维，汉字这个字和那个字之间没有必然的逻辑关系，叫意合。但是，一组合，就有了联系。文本中各个元素紧密联系、相互感应，牵一发而动全身。

让学生学习以整体的视角准确考量词语之间的联系，结构之间的联系，与人物形象之间的联系等，细致剖析各元素对表达主题的作用，深入辨析最为核心的元素，合理构建元素融合的学习内容结构。由此，学生随着言语结构的丰富，内容本身的意义，言语表达的意义，便会从不自觉到自觉，自己能从文本中提炼以“语文知识”为核心，以“语文素养”为核心，以“语文能力”为核心，以“语文情感点”为核心的内容板块。那么，学生就具有了自主构建言语结构的能力。当遇到新的学习情境，学生能自觉将新的组块信息与自身记忆中的信息组块建立联结，能获得话语的语境意义并实现言语智能的自主建构。

联结是意识形成的中心环节。语文联结教学对于改善阅读教学现状具有独特的价值。在“联结六问”中，教师激发学生主动发现并建构联系的意识，让学生以理性的视角，探寻相同、相似和相对的事物关系，把文本、作者和自身的联结点激活，并联系成整体，使意义与自身的经验建立联结，从而主动获得话语意义，读出文本结构的密码。

第四节　联结性教学的课堂样态

教学在一定意义上属于文化传递。美国文化人类学家玛格丽特在《未来与文化》一书中提出了著名的“三喻文化”。通俗地说，前喻文化是年长者向年幼者传递的文化；同喻文化是指同代人相互传递、交互学习的文化；后喻文化是年幼者向年长者传递的文化。有传递意味着有落差，有落差才有教与学的可能。三喻文化为我们寻找教与学的落差，确定学习的起点提供了新的视角。

前喻文化，从逻辑起点中发现可能。教都应对于学的起点，即逻辑起点高于现实起点。逻辑起点指学生应该具备的知识与技能基础，即学生发展的应然状态；现实起点是学生已经具备的知识、经验，即学生发展的实然状态。逻辑起点与现实起点之间形成的落差使得教师成为教师，学生成为学生。语文课程标准对于各学段识字与写字、阅读与写作等目标做了有序的规定，确立了学生学习的逻辑起点。从逻辑起点解读教材，就如良医般号准学生的脉搏，把准学生的心率，发现学习的可能。什么是学生不学不知道的？什么是学生知道得不够清晰的？什么是学生不太愿意学的？落差点决定学习的起点。从逻辑起点的高度，发现落差，从而找寻到学生的学习起点，使学生愿意学原本不愿意的，知道原本不知道的，或者知道的不够清楚、不够全面、不够透彻的。一定范围内，落差越大，教与学的可能性也就越大，动力越大。发现可能，决定了可能的实现。

同喻文化，由现实起点间的差异形成张力。同喻文化是指同代人相互学习的文化。这概念揭示了一个学习规律：学生的现实起点之间存在差异，或是层次差异，或为个性差异。否认差异，即否认人区别于机器等可批量生产之物的特性。无视差异，一线持平，课堂就如流水线般窄化与僵化。不管成熟的果子处在哪个位置，总有学生因够不着而沮丧，或者因太过简单而觉无趣、乏味。导演徐克说：“现实和电影之间产生的落差和张力，始终是我的痴迷所在。”一句简单的话道出了艺术的真谛：生活理想与生活现实之间的矛盾，在艺术升华与生活基础的落差间形成张力。阅读也如此。文章的张弛有度使文章本身具有张力，而当学生的认知水平与文本内涵的理解存在落差时，教学因为有了两者间的相互牵引而形成张力。学生的现实起点间存在差异，那么，如何让文本与每个学生之间都存在张力？从教学内容角度来说，教师需依据学生现实起点间的差异进行考量，营造学生差异空间，从而游刃有余地驾驭课堂。

后喻文化，直面现实起点的教学相长。德国作家凯斯特纳在《开学致辞》的演说中，对家长和孩子们说“这个忠告你们要像记住古老的纪念碑上的格言那样，印入脑海，打入心坎：这就是不要忘怀你们的童年！……假若教师装作知晓一切的人，那么你们宽恕他就是，但不要相信他！假如他承认自己的缺陷，那你们要爱戴他！因为他是值得你们爱戴的……”“回家问问孩子们!”在凯斯特纳的眼里，这并非一句戏言，一个玩笑。确实，年幼者也可向年长者传授，这一文化传授模式在教学中可如此诠释：学生的现实起点可能高于逻辑起点。直面两者之间的落差进行教学，促使教学相长。教学相长的主体应为学生。在阅读教学中，教师要看得到学生的起点高度，尊重他们的高度，并给予学生起点高度再生长的空间。直面儿童现实起点的高度展开教学，教师的作用没有被抛弃，而是得以重新定位。儿童学习的现实起点是实然的，是动态的。因此，这种建构持续在整个课堂。教师在循环建构中，坚定儿童立场，沿着学习起点关注学习状态，依据学习状态重新发现学习起点。古人云：师无常师。教师在循环建构起点的过程中，可以向儿童学习，共享共创。同时，在这个过程中，教师能够做到真正关注"人的生长"，不断地催生教学的动力资源。这，实为教学相长。

找寻到教与学的落差，教学能准确地从学生的学习起点出发。而课堂教学结构的改变，又是阅读教学改变的起点。在语文联结教学中，教师以"三学"课堂教学为模式，让学生在原有的语文经验上生长。

一、"三学"课堂教学

（一）激活经验：试学

学生在生活中已经积累了一定的语文经验，"经验先于知识"。语文教学要善于激活学生已有的语文经验，鼓励学生进行尝试性学习，即试学。试着认读文本中的生字新词，试着借助字典等工具书解释不理解的字词，试着练习朗读，试着概括文本的主要意思，试着解答文本后的练习题，试着搜索和课文有关的阅读材料等。在试学的过程中，学生如果能自觉地将所学新知纳入已有的知识结构中，丰富和完善其认知结构，则非常有利于学习能力的生长；在此过程中，教师要及时发现学生的已知、已能，从而判定其未知未能之处，确定教学的重点内容。这个教学环节旨在通过学生联系自身的语文经验作尝试性学习，以确立教学目标和具体的教学内容，使教学更具针对性，更贴近学生的语文学习需要。

（二）生长经验：导学

在学生试学的基础上，教学应聚焦在学生读不懂、读不到、似懂非懂、误读、错读的地方，教给学生具体可靠的读写方法，并引导学生运用方法进行正确的读写。这样的语文程序性知识（语文读写方法），是在儿童已有的语文经验的基础上生长起来的，是一种实践型知识，不同于记忆型的陈述性知识，因而更能促进学生读写能力的形成。比如：朗读教学中，联系具体文本，教给学生重音的落点及转移。语义重音、语气重音、呼应性重音等，这样的重音读法，具有经验性和生长性，有助于建立学生关于朗读的“内在秩序”。

（三）运用经验：延学

语文与生活相通，课堂教学应自然延伸到学生的课外生活中，学以致用，锻炼能力，养成习惯，提升素养。延学的具体方式有：①语言材料的积极应用，比如用词造句，变消极语言为积极语言。②语言形式的模仿运用。比如教学《桂林山水》（人教版六年级上册）之后，让学生模仿语段结构形式，写一段关于校园美景的语段。③文本话题的专题讨论。比如学了《滴水穿石的启示》，让学生联系生活中的人和事，用实例来加以论证，可以赞同，可以质疑，以此锤炼学生的思考力。④相关文本的拓展阅读。比如学了《三打白骨精》，可以让学生进行《西游记》的整本书阅读等。⑤跨学科的统整型实践。比如学了《给颜黎明的一封信》（人教版六年级上册），组织学生开展书信交际活动，以加深对书信的运用体验。

二、学会联结

语文联结教学“联”什么？如何进行小学语文联结教学？从学生的学习起点出发，梳理影响语文教学“内在秩序”的各个要素，并进行提炼与总结，让学生在联结中学会联系，学会建构。

（一）“言”与“意”的联结

语文“内在的秩序”就在于“言意之间的转换规律”，把握了由言及意的理解方法与路径，也就掌握了以言表意的表达规律与艺术。因此，语文教学要引导学生凭借文本，在言和意（语言形式和思想内容）之间“走一个来回”：由言及意，读出文本的意思；进而由文入情，读到文本内含的情感，揣摩到作者本来的意图；而后由意及言，发现作者用以表情达意的语言形式，从中提炼出典范的可资借鉴的语言结构，迁移到相似的语境中。如此，言与意的内在转换规律，便在这个“来回”的交互中不言自明。

（二）“表”与“里”的联结

文本语言所能传达的含义极其丰富，既有语言表层的字面意思，又有语言内含的真实意图，还有附着在语言上的情感色彩，作者特有的语言风格和性格特征，乃至时代的影响和文化传统的投射。一个优秀的读者，往往可以从文本语言现象中读出丰富多彩的意味，尤其是经典的文学作品，常常可以让人反复咀嚼玩味。这样的阅读涵养需要读者透过语言之“表”，透视到语言之“里”，此谓“把书读厚”。这样联结学习的过程常常借用比较、推理、联想等方式，实现由表及里的阅读深化。

（三）“上”与“下”的联结

文本是一个自足的系统，上下文之间构成的具体语境，赋予了词句以特殊的意义和表达效果。语文教学需要指导学生从文本语境入手，把握词句的上下文关系，从而准确地理解和真切地感受文本所要传达的情意。上下文的连续性联结，又可以形成内在的文本结构线索，据此线索可以获得文本深层的理解和整体意义的建构。教学的具体内容有：①词语理解的上下联系。②句段之间的上下联系。③过渡语句的关联性。④文本叙述结构的上下关联。⑤文本题目与内容结构的上下关联。

（四）“异”与“同”的联结

语言的现象形态各异，而“内在的秩序”却有迹可循，即为“同”。学生唯有学习了大量形态各异的语言现象，才能逐渐把握其中的规律性知识，此谓“举三反一”；而一旦掌握了其中的“一”，便可以运用到不同的语境，实现“举一反三”。比如在《谈礼貌》一文的教学中，三个不同的事例，所运用的说理方法是相同的，即先简要叙事，再用一句话阐述道理。这样一事一议的说理结构一旦被发现，学生便可以仿写说理性短文了。

(五)“知”与“用”的联结

掌握了语言现象背后的语言规则、语文知识，还需要在生活化的语言情境中加以运用，才能化知为能，转知成智。①用所知的语言材料，丰富自身的话语，形成具有个性的话语风格。②用所学的读写方法，迁移到新的课文阅读中，或迁移到新的写作活动中，实现读写结合，提高读写能力。③用所得的人生经验，用文本的思想营养，充实自己的内心世界。④用所获的语文经验，寻找文学阅读人生，或解决生活中的言语问题，过一种有意义的语文生活。

(六)“文”与“人”的联结

语文教学要看得到“文”，更要心里有“人”。教学中，教师可以引导学生凭借“文”，实现文本世界与学生心灵世界的沟通，让学生从中读到自己，发现自己，完善自己；教学中，教师还可以引导学生借助“文”，抒发自己内心的真情实感，表现生命的存在状态。语文教学唯有将“人”与“文”融为一体，才能真正实现语文教学的人文性。

其实，语文教学中还有更多的联结，需要教师在实践中发现并建构，更重要的是促使儿童自主建构起这样的联结，学会联系，学会自觉地建立语文与世界各个方面的联结，让语文向儿童的整个世界四面八方地打开、伸展，才能实现联结教学的终极关怀。

三、语文联结教学呈现样态

语文联结教学在语文教学中的呈现样态主要有六种。

第一，字根识字。根据汉字的构造规律，选择最具构造功能的300个基本字，依据字源字典编成汉字图谱，让儿童在饶有情趣的活动中牢固识字，进而凭借“字根”自主识字，实现“掌握300个、学会3000个”的教学目标。

第二，词串识记。围绕某个“线索”将散落在文本中的词句进行归类，形成词串加以整体识记。组合的线索有“描述的对象、语境的归类、词语的结构、表达的语义”等。这些词串需要以文本语境为背景，在朗读、复述、写话等语文实践运用中，转化为儿童自身的语言材料。

第三，句式集群。遵循同义选择的原则，将文本中最富表现力的句式汇集起来，与儿童常用的句式进行比较，在诵读中发现表达奥秘，促进儿童在语境中选择最佳句式，提高表达的能力。

第四，语段联比。根据“并列式、因果式、总分式、承接式”四种段落结构，引导儿童在比较学习中掌握结构特点，进行段意概括、仿写迁移，夯实读写能力。

第五，类篇教学。根据文体分类，对选文按照文类进行单元重组，同一单元的若干篇选文，分为教读、练读、自读等不同课型，通过教“这一篇”让儿童学会“这一类”，熟能生巧，举一反三。

第六，整书导读。针对整本书的结构和主题，选择儿童感兴趣的“话题”，组织学生围绕“话题”进行主题式研读，传授阅读策略，分享阅读经验，放大整本书的共读效应。

语文联结教学中，用普遍联系的观点发掘每一篇课文的教学价值，并据此确定其具体的教学内容，实现因文而教；根据不同的学情，联系儿童已有的生活经验和语文经验，将教学引向深入，导向儿童的内心世界和能力生长；儿童的语文能力是在不同的语言环境中磨砺而成的，语文教学应随境而练，以实现知情意行之间、听说读写之间的顺畅转化；语文教学的终极目标是为了儿童的生命成长，顺应儿童的天性，因材施教，将语文自然地融入儿童生命“内在的秩序”里。语文联结教学顺应语文学科内在的规律，顺应儿童语文学习的规律，顺应语文教学的规律，顺应儿童言语生命发展的规律。在顺应中，语文教学在符合规律中，以结构的方法，整体的视域，实现儿童语文素养的整体提升。

第五节　联结性学习的过程方法

关于学习方式，中国台湾郑圆铃教授在《有效阅读：阅读理解，如何学？怎么教？》一书中，以17世纪英国哲学家培根所描述的蚂蚁式、蜘蛛式、蜜蜂式的三种学习类型，提出了三种阅读的学习层次：第一，蚂蚁式学习，学习者被动式地照单全收，不思考、组织与内化；第二，蜘蛛式学习，学习者知道如何捕捉对自己有用的内容，也会系统化地思考、组织及内化阅读的内容，为主动式的学习类型；第三，蜜蜂式学习，学习者能利用系统化的思考历程，让材料变成对自己有用的数据，并进一步酝酿，转化为创造性的个人见解或创作，为创造性的学习类型。

我们不可能完全摒弃蚂蚁式的学习，毕竟，这是学生阅读学习的基础。但是，我们更应该清楚地认识到，学生的阅读学习必须经历从蚂蚁式学习到蜜蜂式学习转化的历程，由此，阅读才能彰显其自身的意义和价值。联结性学习是蚂蚁式学习向蜜蜂式学习跨越的桥梁。所谓联结性学习，简而言之，就是个体发现、把握并重构知识经验之间的逻辑关系而得其智能意义的学习方式。联结性学习具有创造性特质。当一个人能自觉地将似乎毫不相关的事物创建一种全新的联系，新事物、新思想便由此诞生。学生在阅读中，运用联结性学习，可以发现、把握并重构文本内外存在的多方面的联系，并获得言语智能的生长。

面对一篇文本，学生该如何进行语文联结性学习？根据学生语文学习的内在规律，提出语文联结性学习三步法：一找、二组、三问。

一、语文联结性学习三步法

（一）找

阅读过程本身就是获取信息的过程。互联网时代，碎片化的信息借助微信等平台铺天盖地地涌来。如“蚂蚁式学习”般不加以选择地被动阅读，获取的信息即使再丰富，都难以转化为所需的知识或者见识。学生的阅读也是如此。一篇文本，字词段等之间都有其内在的联系，但是，如果学生迷茫于文字的丛林中，给什么吃什么，吃到的东西再多，也咀嚼不出特有的味道。找，是学生学习方式改变的起点。

(1)找新鲜的。衡量阅读信息是否新鲜取决于学生原有的知识结构。之所以成为新鲜的，往往是学生原本鲜少遇见的，或者说未曾真正认识的。①部分字词。连词成句，连句成段，连段成篇。从这一意义上来说，课文是由词语所构成的。词语的学习是阅读的基础。强调部分，是因为借助课内外阅读，学生已有一定的识字基础。课文所标识的生字词未必是真正意义的生字词。但哪些词语对学生来说是新鲜的？语义陌生的词语是新鲜的，就如相遇一位素未谋面的人，不知其年龄、身份与其他。语境义陌生的词语也是新鲜的，曾经相识的一个人，在特别的情境中相逢，却有着熟悉的陌生感。就如词语，在特定的语境中，词语的意义、色彩、情感等发生了变化，这个字词就显得格外新鲜。例如，《爱如茉莉》(苏教版五年级下册)中“初升的阳光从窗外悄悄地探了进来”一句中的“探”字，景语有了情语，使得原本平常的阳光有了丰富的情感，“探”字对于学生来说就是新鲜的。②特别的句段。汉语是意合型语言。同样的词语，不同的排列，不同的组合，使得有限的语词产生了无限的意义。《夹竹桃》一文中有这样一句话：“然而，在一墙之隔的大门内，夹竹桃却在那里悄悄地一声不响，一朵花败了，又开出一朵，一嘟噜花黄了，又长出一嘟噜。”世上花朵，花开花落为自然规律。可是，作者却称夹竹桃败了再开，黄了再长。语序的颠倒，特别的组合，准确而形象地刻画了夹竹桃在作者眼中与众不同的个性——韧性。一个学生，读一篇课文，如果能主动去发现课文中让人觉得新鲜的字词、句段等，阅读的新奇感自然而生。课文，不再是文字的堆砌，而是与学生自己有关的语言。

(2)找重要的。有的时候，新鲜的就是重要的。但是，新鲜的信息未必都重要。衡量重要的标准是什么？①是否为这篇文章的关键内容。不同文类,其关键内容有所不同。但是,获取关键内容的方式却有共通之处。阅读课文题目,从课文题目中发现文章的主题;提炼每个段落的主要内容,把各段主要内容进行整合;寻找课文题目与段落内容之间的关联,比较与选择,从而发现文章的关键内容。例如,阅读《轮椅上的霍金》(苏教版六年级上册)一文,可从课题中找到文章的关键内容:课文题目不是“科学家霍金”,不是“物理天才霍金”,不是“黑洞的发现者霍金”,而是“轮椅上的霍金”。由此,我们知道,本文不是写霍金在科学中作出的贡献,而是刻画霍金这位伟大科学家另一面的非凡。读懂题目,并把题目与课文的各个段落进行比对,就会发现,文章的关键内容就在课文的第七自然段:霍金的魅力不仅在于他是一个充满传奇色彩的物理天才,更因为他是一个令人折服的生活强者。他不断求索的科学精神和勇敢顽强的人格力量深深地感动了大众。②是否为读懂这篇文章的关键。读懂一篇文章,总有其关键处。阅读题目,是读懂文章的第一步;找到具有统摄全文内容的语段,是一项重要的阅读能力。例如《轮椅上的霍金》第七自然段之所以重要,在于它在全文中起到承上启下的表达作用。统摄全文的语段,通常或在文章首,或在文章尾。前者为总起,后者为总结。找重要的这一阅读过程,其实是学生发现题目与文章,文章字词句之间内在联系的过程。发现其中的联系,重要的信息也就自然显山露水。

(二)组

组,即组块。一个厨房菜鸟和一个家庭主妇之间最大的区别是什么?家里只剩下简单的食材,厨房菜鸟抱怨“巧妇难为无米之炊”,只能清炒一盘娃娃菜;而家庭主妇却找出几片火腿肉,浇上剩下的鸡汤,撒上蒜泥,变出一份鲜香的清蒸娃娃菜。同样是娃娃菜,但主妇烹调下的娃娃菜特有的清甜更令人欢喜。即使是最简单的食材,在家庭主妇的眼里,互相之间也都能建构关联,从而创造出丰富的“食材块”。

由此,我们可以发现,组块的前提在于联。学生从课文中找到的信息虽然新鲜，虽然重要，但往往处于零散的状态。语文联结性学习将促进学生形成自觉的联系意识，将散落在课文的言语材料、言语规则等整合为结构化的言语知识。

(1)归类。薛法根老师认为，类聚化的语汇越丰富，就越能增强言语的辨识力与表现力，处于休眠状态的语汇在言语运用中，才能被激活为积极语汇。如何类聚？可以有意识地围绕某个“线索”形成词串。薛老师归纳了四种词语组合归类的基本线索：①描述的对象，人、事、景、物，或者一个场景等。②语境的功能，包括表意的实词与表情的虚词，可以按照词性分类组合。③词语的结构，特别是富有表现力的主谓式、偏正式等短语结构。④表达的语义，根据同义、反义和近义将词语归类整理。

《青海高原一株柳》(苏教版六年级上册)里的词汇极为丰富，我们可以依据不同线索进行归类。例如，以描述的对象为线索，“广袤无垠、青草覆盖的原野，寸草不生、青石嶙峋的山峰，深邃的蓝天，凝滞的云团，连绵的铁铸一样的青山，赭红色的起伏的原地，持久的干旱，严酷的寒冷，虐杀生灵的高原风雪……”这些短语描述的对象都为青海高原的环境。再如，还可依据短语的结构为线索：“广袤无垠、青草覆盖的原野，寸草不生、青石嶙峋的山峰，连绵的铁铸一样的青山，赭红色的起伏的原地，难以想象的艰苦卓绝的努力，婀娜多姿、风情万种的柳树”等，这些短语都为偏正结构，且修饰语叠加。以叠加的修饰语描绘事物，是这篇文章作者陈忠实独有的风格。

当然，除词汇归类，类似结构的句式，类似的言语表达方式等都可以归类。跳出某一篇文章，“类”的范围更广。《轮椅上的霍金》《小草和大树》开头都以高度凝练的语言概括了人物的核心品质；《钱学森》《青海高原一株柳》则都运用设置悬念的方式写人或景；《爱如茉莉》《月光启蒙》都以恰当的词语把抽象化为形象；《滴水穿石的启示》《谈礼貌》《学与问》《学会合作》都鲜明地呈现出议论文的篇章结构特点。归类的过程，实则为提炼概括的过程。词与词、句与句、段与段、篇与篇，处处蕴藏着丰富的言语规则。让学生从不同角度，举三反一，发现它们之间共同的"特别"的地方，使普适性的言语规则成为学生头脑中鲜活的言语知识。

(2)排列。郑圆铃教授曾提出，学生的阅读要经历以下三个历程：检索与撷取、统整与解释、省思与评价。"找"的过程，多为检索与撷取，而"组"的过程多为"统整"。析字释义，统整可以解释为统合整理，将两个或两个以上看起来不相同却相关的事物或现象组合成一个有意义的整体。统整与组块，本质意义是相同的。归类，解决的是相似类之间的组块；排列，构建的是相关类之间的联系。

排列，可以厘清课文的表达顺序。《钱学森》(苏教版六年级上册)一文，根据时间顺序排列主要事件：1955 年 10 月 1 日，钱学森回到祖国；1934 年，钱学森赴美留学；1949 年 10 月 1 日，钱学森决定回国；1955 年 9 月 17 日，钱学森踏上归国的航程。一排列，就会发现文章运用的是倒叙的手法。薛法根老师在教学《埃及的金字塔》一课时，学生在他的指导下，把关于埃及金字塔的知识点进行归类排列，同样厘清了说明的要点及顺序。

排列，可以把握故事的情节特点。《穷人》(人教版六年级上册)是一篇小说。排列一：画横轴，并标注"等待丈夫、探望邻居并抱回孩子，继续等待丈夫，与丈夫交谈，决定收养孩子"。横轴表示小说的事件顺序。排列二：画竖轴，并标注"怕、平静、喜"。竖轴表示事件中人物的心情变化。排列三：根据人物在事件中的心情变化，把相关事件移动至与之对应心情的词语位置。最后，用线把处在不同心情位置的事件用线相连。由此，学生就会发现：事件与事件之间因为有了情感起落而有了内在的联系，这就是情节。情节有波动，有曲折，小说就有了吸引力。

排列，可以发现文章独特表现手法。《青海高原一株柳》是一篇散文。第一自然段说这是一棵极其平常的树，第二自然段又说这是一棵神奇的柳树，第三自然段写了青海高原的自然环境，第四自然段还是写高原的环境，第五自然段才写了这株柳的形象。学生把这几个自然段的主要内容排列之后就会发现:作者用悬念的写作方法,让文章更富有情趣。悬念是小说的写作手法,用于写散文也能起到吸引读者的作用。当学生继续往下排列的时候又能发现:作者用想象的方式揭开青海高原的柳树生长与壮大的秘密。想象,是状物散文中一种独特的表现手法。

组块,是一个动词,指阅读行为;组块,也是一个名词,指经过联系整合成的“言语知识块”。改善学生大脑中组块的容量与数量,可以提升阅读活动的质量。归类、排列,是进行组块的具体策略。

(三)问

学过《学与问》(苏教版六年级下册)一文的学生知道:“学问学问,既要学又要问;学与问是相辅相成的,只有在学中问,在问中学,才能求得真知。”确实,看过了,并不代表看懂了;读过了,并不代表读懂了。单纯看过读过的阅读属于蚂蚁式阅读,虽然阅读量很大,但这样的阅读谈不上有效。只有以蜘蛛式、蜜蜂式进行阅读,经历系统的思考,经过自身的组织、内化与转化,阅读才能酿出香甜的蜜来。不然,读再多,你都赢不了“度娘”。学习“问”,是学生进行深度思考,阅读内化的外在表征。但问什么?

第一,文章写了哪些内容?主要在说什么?

问题指向的是文章言语内容的梳理与概括。了解文章写了什么内容,这是阅读的基础。解答这两个问题的过程其实就是“找”的过程。《火星——地球的“孪生兄弟”》(苏教版五年级上册)是一篇科普性说明文,第一自然段就介绍了许多知识:40 多亿年前,火星与地球逐渐形成了;火星与地球一样有南极、北极;火星与地球一样有高山、峡谷;火星与地球一样有白云、尘暴和龙卷风;火星与地球一样四季分明,连一天的时间都差不多;火星与地球一样,有水和生命的存在。那么多的科学知识,主要在说什么呢?其实,这段话只说了一个核心知识:火星与地球长得太像,由此推测,火星也和地球一样有水和生命存在。

第二,换句话说,这是什么意思?

我是怎么知道的？问题指向的是学生个体对言语内容的理解。阅读一本书，发现书中的内容大多只是对别人研究成果的汇总时，你就会觉得索然无味。这些内容只要搜索互联网，我们都可以找到。既然这样，这本书又有什么价值可言。有时，我们幸运地读到了一本有价值的书，每一字每一句，都非常精彩。于是，我们恨不得一字不落把它记下来。可是，我们的记忆容器装得下那么多内容吗？即使记下来，但是当别人问我们，这本书精彩在何处时，也会遭遇不知从何说起的尴尬。书，为什么会索然无味？为什么会遭遇尴尬？共同点在于读者没有对阅读材料进行内化，只是如蚂蚁般简单搬运。因此，我们所看到的文字还是静止的，读到的知识还是别人的。因此，学生要把阅读到的信息转化成为自己的东西，必须学会解释，学会问自己：换句话说，这是什么意思？我是怎么知道的？

《厄运打不垮的信念》(苏教版五年级上册)一文的最后一个自然段总结了全文："在漫长的人生旅途中，难免有崎岖和坎坷，但只要有厄运打不垮的信念，希望之光就会驱散绝望之云。"换句话说，这段话是什么意思？学生可以根据自己对课文的阅读作出自己的理解表述。"我是怎么知道的？"学生可联系谈迁面对厄运重新编写《国榷》的经历来阐释自己的认识。学生在用自己语言进行阐释时，课文所表达的意思就成了学生认知中的一个部分。

《穷人》一课中，学生能发现桑娜在等待丈夫的时候心情是害怕的。但是，我是怎么知道的？这是学生对自己的追问。追问中，再去读课文，从直接描写桑娜心情的词语、桑娜心理活动的语句、桑娜的行为表现中去进一步验证和解释自己的观点。

第三，还可以怎么写？哪个比较好？

这个问题指向的是学生个体对言语形式的理解。从一定程度上来说，同样的言语内容，之所以能产生不同的言语效果，是由作者对言语结构、言语方式、言语色彩的选择与把握来决定的。多一分则肥，少一分则瘦。"是这样"，而非"是那样"，那恰如其分的妥帖感、分寸感、效能感，使得言语的表现力得以彰显。如何发现这种不可替代的言语表现力，可以问自己两个问题：还可以怎么写？哪个比较好？

《军神》一课中，沃克医生对刘伯承说了这么一句话："了不起，你是一个真正的男子汉，一块会说话的钢板！你是一位军神！"为了让学生发现作者比喻的妥帖及比喻这一修辞手法的运用规则，薛法根老师做了如下支架设计：支架一，还原本意。这个比喻是什么意思？支架二，写作技巧。这个比喻一般用于什么样的人？支架三，词语替换。假如你也想夸赞一下刘伯承，你还能把他比作什么？写完之后，比较一下两者的不同。不用比喻还可以怎么夸赞？薛老师的三个教学活动支架，指向比喻的理解和运用，重在运用规则的学习和实践。

古代诗人贾岛以"推"和"敲"成就了他的经典。其实，任何一个成功的言语作品，无论是遣词造句，还是谋篇布局，相对而言都是较为成熟的。即使不是文学性作品，它内在的言语秘密也是丰富的。《埃及的金字塔》是一篇科普性说明文。本文的开头与散文文体介绍金字塔的文章开头有什么不一样？哪个更适合这篇文章？把"相当于40层高的摩天大厦"等描述性的话语去掉，有什么变化？还可以换成怎样的描述性语言？关于如何建造金字塔，有许多推测和想象，他们之间有什么不同？作者为什么选择课文中的推测？

"还可以怎么写？哪个比较好？"能有所比较，需先具备比较的样本。如果是我，我会怎么写？学生可以根据自己的写作经验与能力进行改写。有些语句是不是多余？学生可以试着做语段的删减。这个语段写得是否过于简单？学生可做扩写。还有其他作品也是写这个内容的，是怎么写的？学生可找到这些作品。从不同角度地去寻找比较的样本，即为言语秘密的凸显提供了更为丰富的路径。

第四，这篇文章和我有关吗？

问题指向的是构建文与人之间的关联。因为缺失，所以需要构建。语文教材是由一篇篇选文组成。每篇选文的确定，都蕴含着编者的意图。可是，我们往往会无视其中的意图。我们所看到的，往往是似乎和学生的生活距离遥远的一篇篇。例如，埃及的金字塔和中国的孩子能有什么联系呢？遥远的红军长征故事对现代的孩子有什么意义呢？火星、地球的科学奥秘似乎和小学生更没关系。因此，一篇课文的学习任务完成时，即变成学生和这篇课文说再见的时候。可是，如果选文和学习这篇选文的学生不发生联系，为什么还要选择它呢？

阅读的目的在于改变。改变什么？思想认识的改变为其一。不管什么样的文章，都寄托了作者言语表达的目的。其中，从思想内容的角度来说，作者的言语表达目的以劝解为多。借助不同的表达方式，劝解学生爱国、爱自然、爱生活、爱他人、爱自己；劝解学生勤奋学习，团结合作，面对挫折要顽强不屈等等。即使题材和学生比较遥远，但是，学生应该学习问自己：这篇文章和我有关吗？火星与地球的科学知识我们不可能全部读懂，但科学的神奇激发着我们去探索的热情；不在于是否真正读懂茉莉般的爱情，但可以去用心体味生活中每种爱带给自己的感觉；并非一定要学会欣赏《二泉映月》这首曲子，但我们可以尝试听懂不同风格曲子背后蕴藏的作者情感；我们可能无法真正理解彭德怀对一头牲口的感情，但我们可以了解不同时代、不同情境中，真挚的情感总是那么可敬与可贵……读到自己，勾连内心，学生才有不可不读的渴求。

阅读的目的在于改变。言语智能的生长是本质的改变。什么是言语智能？薛法根老师认为，言语智能是一种具体语境中的言语创造力。因此，学习言语规则之后，学生应善于问自己：这篇文章和我有关吗？《晏子劝齐王》中，晏子用比喻的方式劝解齐王不求山神，不求雨神。生活中，我是否可以也用比喻的方式来成功地劝解别人？《谈礼貌》中，作者运用叙事加说理的方式来谈礼貌。如果我遇到一个没有礼貌的人，我该怎么和他说理呢？《彭德怀和他的大黑骡子》（苏教版五年级下册）中，彭德怀矛盾的行为体现出他对骡子的爱。生活中，如果我们遇到亲人对自己似乎矛盾的言行，我们是否也能读懂言行背后的情意呢？把课文中的言语规则等勾连自己，实现举一反三的转化，从而改变言说的行为，学生的言语智能就会不断生长，从而越学越聪明。

阅读的目的在于改变。学会学习是阅读的追求旨归。郑圆铃教授认为："从阅读中学习，是学习'如何学'最重要的能力之一。学生不但要阅读，更要懂得阅读的策略，这些策略包括预测、提问、联结、统整及解释等，如此才能真正地理解文本内容，也才能有系统、批判式的学习。"课文就是一个例子。学生通过这个例子，去学习如何去阅读。第一步，找；第二步，组；第三步，问。语文联结性学习三步法，是从学生课堂阅读行为的角度提出，目的在于提高学生阅读的有效性，使蚂蚁式学习走向蜜蜂式学习。语文联结性学习，是在语文组块教学理念下提出，个体发现、把握与重构言与意，上与下，文与人，知与用，表与里等要素之间的联系，自主构建意义块，可以促进学生的阅读与学习。对于学生来说，语文联结性学习三步法作为策略性的知识并不是一学即会，一学立显成效。因为，知识的认知与熟练运用需要一个较长的过程，更需要教师赋予学生更多的耐心与时间。另外，对于阅读教学、学生的阅读心理、语文联结性学习等尚缺更为科学、更为深刻的认识与理解，所提的语文联结性学习三步法只是作为语文教师阅读教学实践的参考。

二、联结性学习的主要方法

汉语是字词前后连缀而成，属于"意合型"语言，有别于英语的"形合型"语言。字词连缀顺序的变化，会带来意义的变化及表达效果的迥异。因此，汉语的学习应遵循其"意合"的内在规律，运用联结性学习方式，准确把握字词句段篇之间的内在关联，获得意义理解与运用法则。联结性学习的主要方法有四种。

(1)类化。围绕一个意思，将多个词语或句式组合在一起，比较异同，加深理解，促进在不同语境中的选择运用；围绕一个法则，将多个语言现象组合在一起，通过比较抽取普遍的规律，形成概念化的理解。语文教学中的各类知识，芜杂而又无序，教学中需要引导学生去芜存菁、归类整理，建构起切合自身需要的语文知识序列。比如，字词归类识记。可以按照同一偏旁识字，按照同一构字法识字，按照同一读音识字，将词语组成韵文识字等；也可以按照某一个核心意思，将课文中散落的字词组成词串识字，既便于认读、理解，又便于诵读、记忆。再如语段概括学习。可以按照承接法、总分法、并列法等不同的构段方法。引导学生准确归纳段意。如此，学生对语段概括方法的学习就有了一个整体的建构，有利于概括能力的形成与发展。

(2)联比。将相同、相近或相对的词语、句式、段落进行比较阅读，以推敲在意义、情感、表达效果、使用条件等方面的细微差异，磨砺学生对语言形式的敏感力。①相同中的比较。比如，同义词的比较，可以从中发现相同之中的“不同之处”，如情感色彩的不同、运用范围的大小、适用对象的差异等，这样的比较有利于遣词造句的明了和妥帖。②相对中的比较。比如，“把”字句和“被”字句，这是两种相互对立的句式，但是通过比较、转换，学生可以从中发现语句表达的相同之处：结果的相同、意义的相同。这样的比较有利于学生对纷繁的语言现象做出本质的分析，看到语言结构和语义表达之间的内在关联。③相似中的比较。相似是语文教学中最常见的语言现象，不加细致的比较辨析，极易含混过去，消解了语言的独特魅力。比如，《猴子种果树》中写了三个结构相同、意思相近的语段，粗略地看，基本相同。但文中关于猴子“我可等不及、我也等不及、我还是等不及”的三个表述，极为准确地表达了猴子三次着急的递进关系，如果不加指点比较，就体会不到语言的准确及细致了。

(3)联想。事物之间有时没有必然的逻辑联系，但却往往因联想而产生新的意义。联想是沟通语文学习和儿童经验的桥梁。由此及彼、由物及人、由特殊到一般、由抽象到具体，都需要借助联想实现学习的跨越。可以让语言与想象联结成一个整体，实现语言的形象与形象的语言。语文善用形象的语言构建语言的形象，非联想不能体悟。亚里士多德提出了三大联想律：相似率、对比率和接近率。约翰·穆勒则认为“联想不是被动的过程，而是主动的联结。这种联结不仅仅是观念的联结，而且也指动作的联结”。主动地发现关系，以“相似率、对比率、接近率”进行联想，正是联结性学习的本质要义。读到《安塞腰鼓》（苏教版六年级上册）一文中节奏明快的语段，联想到《在大海中永生》（苏教版五年级上册）中沉重的语句，把握明快与沉重相反的语言内在特征；读到《爱之链》这篇外国小说，联想到《桥》，发现小说的相同结构；读到季羡林《夹竹桃》这篇散文，联想到季羡林其他的散文，提炼出作者独特的语言风格。

（4）推理。由一个事物推断出另一个事物，这个推断的过程符合逻辑规律。推理是一种高级的思维过程，在于深刻把握了事物之间的发展规律。语文教学中的文本意义和作者意图的理解，正是需要这种严密的逻辑推理，才能在具体语境中理解切合作者本意的那层含义，而非读者根据自己的臆测所作的解读。如《夹竹桃》一文中，“一朵花败了，又开出一朵，一嘟噜花黄了，又长出一嘟噜”，从事实角度，这句话违反了真实原则，因为花是先开再败，先长再黄的。但是，只要与作者的言语意图相联结，进行推理，就能理解作者如此刻画夹竹桃，意为突出其韧性。作者能从平常的花木上，看到一般人所看不到的品质。儿童的推理过程，是对陌生语词的敏锐捕捉，更是探求作者心灵秘密的重要路径。

第三章

联结性教学的思维本质

第一节　焦点思维:牵一发动全身

杜威认为,学习就是要学会思维。赫胥黎这样表述:每一次思维的收获肯定会像麦穗一样颗粒饱满。成尚荣先生认为,所谓课堂教学审美情绪的沸腾,不只是情绪,也不只是情感,还有思维,只有思维真正沸腾了,学习生活才能真正沸腾;从某一个角度说,思维的沸腾,表现为情绪、情感的沸腾。课堂上,学生情感飞扬的外在,需有内在思维的支撑。学生学习成长的过程,亦是他们思维发展的过程。反过来理解,思维的广度与深度决定了学生学习的水平。思维是学生学习的核心。

思维亦是言语的核心。乔姆斯基认为,言的本身就是心的存在的一种表现。"心"的概念并不是指思考的主体,而是指人的思维的抽象结构。而能够表明"心"存在的最直接的证据便是"言"。把内心精神活动变为言语的过程,并不是一个简单的"联想"过程,因为"人的精神活动与人的言语活动并非是相对应"的。这种转换的过程是一个极其复杂的心理操作过程。思维不等于语言。人们在表达"心意"时常会受"言"的限制,产生"言不尽意"的现象。欣赏一处美景,只觉得情感荡漾,喷涌出表达内心的蓬勃欲望,但因个体言语知识与言语能力有限等原因,"言"无法尽兴。同时,表达者为追求"言外之意",或故留空白,或左顾而言他,使言语作品表达的"意"小于或大于表达者的原"意"。言语的理解,即"言"到"意"的转化,这是由"言"与"意"之间的差异所决定的。

中西思维模式、思维方式不一样。西方思维方式的基础是分析,一分为二,万世不竭。而东方的思维方式主要是综合,即整体概念,普遍联系。语言是思维方式最直接的映射。因此,语文联结教学要遵循汉语内在的思维特性,摒弃分析与解剖,构建整体与互为联系的教学方式,帮学生搭建"言"与"意"的桥梁。

聚焦是一种思维。太阳作为一种强能源,它以每小时数亿千瓦的能量照耀地球,但借助一顶帽子,你就可以沐浴在阳光下数小时而不被晒伤。激光是一种弱能源,聚焦一束激光只有几瓦,但是凭借这束光,你可以在钻上打洞或者切割肿瘤。这就是聚焦的力量。阅读教学也如此。优秀的文学作品写了什么,怎么写的,为什么这么写,这几者之间是完美统一的。阅读教学不能只带着学生跟着课文内容跑,而是要借助课文这一例子,破解言语的密码,实现"言语的习得"。但是教材是多姿的世界。如果流连于文本中每一处语言现象,那么学生就只能在光洁的冰面上滑行,难以留下印迹。聚焦这多姿世界中的核心,以文本中适合学生发现、理解、积累与运用的教学内容为重点展开教学,学生才能如蜜蜂一般,钻进花心,品出花的芬芳,酿出甜的蜜来。聚焦是一种智慧,能起到牵一发而动全身的作用。

一、只是这一类:特定的体式有特有的阅读方式

王荣生教师指出:"阅读是一种文体思维。指导学生在特定体式的文本里,能从重要的地方看出所传达的意思和意味来。"特定的体式,有特有的阅读方式。如果给你一份冰箱说明书,你会根据信息获取的阅读方式学会使用冰箱;如果给你一首诗歌,你会用诗歌欣赏的姿态享受诗歌之美;如果给你一首古诗,你能用古诗词的阅读方式去学习。如果几者错位,则贻笑大方了。

《爱之链》是一篇外国小说。故事很简单,乔依帮助了老妇人,老妇人帮助了女店主,而女店主竟然就是乔依的妻子,从而形成了爱的链条。如果没有意外的发生,那么这篇文章可能就是一个乐于助人的故事,因为人物间是没有关系的,但一有这个意外,整篇文章就有意思了,爱的链条也变得更感人。本文在这样的令人意外的情节发展中塑造了一个典型的人物形象——乔依,在塑造这位人物形象的时候又巧妙地运用了以景衬情的方式,使得典型环境中的典型人物形象更加丰满。在教学本文时,我们可以设计如下教学内容:概括复述故事,体会情节之"意外";朗读环境描写,体会情景之"相

生”;品读人物细节,体会形象之“典型”。显而易见,“情节、环境、人物”是教学内容的核心词。确实,读小说,就是要把握人物与人物之间的关系,就是要把握人物之间发生的故事情节,就是要关注环境的变化对人物对情节的推动作用,这是一般的小说阅读,是具有普遍意义的。

从第三学段开始,《语文课程标准》中的阅读目标对不同文体进行了分别表述,即分别就说明文、叙事作品、诗歌提出阅读目标。这样表述可让教师根据不同文体的特点,提出更具体更有针对性的要求。本文的教学立足点在于教会学生如何去阅读小说,发现小说的魅力所在。

教学也由于抛却了太多课文内容的羁羁绊绊,使得学生从课文本身的泥潭中解脱出来,实现由读课文到学阅读的转变。

二、只是这一篇:特定的文本有特有的文本价值

每片树叶都具有树叶的特征:叶片、叶柄、托叶,但是,叶脉的粗细、叶子的形态、叶片的颜色等决定了没有一片树叶是相同的。同一类的文体,有着相同的特征,但同时,也具有属于自己个性的特征。这个性往往是这一特定文本的区别于其他的文本价值。在小学语文阅读教材里,从四年级开始,都出现了议论文体。这些课文区别于其他的价值在哪呢?

《说勤奋》一文以自问自答的方式开门见山揭示论点,以学生熟知的两个人物故事为论据,最后以“只有一生勤奋,才能有所作为,才能对人民、对社会作出应有的贡献。”作为结尾,由此构成了议论文最基本的框架。教学本文,可以把它作为典型的模式打开学生议论文学习之门。

《滴水穿石的启示》则不同于《说勤奋》。作者以一个自然现象引出了自己的论点,论证过程也显得更为严谨。以古今中外的名人故事作为论据后,还列举生活中的现象作为反证。最后以简洁的话语总结并扣题:滴水穿石给予我们的启示。

《谈礼貌》一文,夹叙夹议是最显著的特征。作者在每次举例例证之后,都直接发表了自己的议论。议论的内容指向哪里?为什么这样安排议论的

顺序？作者如何进行议论？都是这一篇议论文独有的魅力。

正是由于这些不同，使得议论文这一文体如多棱镜一般，以不同角度不同侧面向学生展示着自己的不同面。每一面都有着特定的价值，那么多面的构成才能形成一个完全的整体。如议论文体一样，在不同的学段，会出现相同类型的文体。但它们并不是简单的重复，而是呈现着螺旋式上升的姿态。教师需要长有一双慧眼，善于从它们的共性中寻求个性，使得这些文本发挥这样的价值：我就是我，我无可替代。

三、只是这一段：特定的年段有特有的内容取向

在什么位置做什么事。同一个人，处于不同的岗位，他所履行的职责就完全不一样。同一篇文本，如果在不同的年段教材，那么聚焦的教学内容也完全不一样。假如，三个年段里同时出现《猴子种果树》。

《猴子种果树》是一篇寓意深刻、发人深省的童话故事。全文符合一般童话语言的特点：语言简洁、活泼，运用了反复等表现手法。其中乌鸦、喜鹊、杜鹃劝猴子时的对话结构相似，文字相差不多。

低段：童话，是适合低段儿童接受的作品。儿童学习童话，“是学生彻底、清晰、明确地领会作品”。这是低年级阅读本篇童话的取向：学习有感情地朗读课文，特别是学习读好乌鸦、喜鹊和杜鹃说话的语气，并根据三次类似的对话结构讲好故事；懂得故事所蕴含的道理——做事要有主见，从而改变思维方式和行为方式。

中段：叶圣陶先生言，“语文教材无非是个例子，凭这个例子要使学生能够举一反三，练成阅读和作文的熟练技能……”中年级借助童话，可以重点教学这些内容：归类积累课文词语；学习概括对话语言的方法，并根据三次对话结构类似的特点学习概括整篇课文内容；有感情地朗读课文，体会反问句的表达作用，学习劝告别人的话语方式；懂得故事所蕴含的道理，并能通过自己的语言来表达感受。

高段：高年级的阅读教学要有篇章的意识。新课标中也提出：“在阅读

中揣摩文章的表达顺序，体会作者的思想感情，初步领悟文章基本的表达方法。”由此，高段的教学由“篇”开始：体会童话反复的情节及反复的构段方式对推动故事发展，塑造猴子形象的表达作用；多元化理解童话所蕴含人生道理；根据想揭示的道理，创编童话。

当然，同一篇文本，不可能放在不同年段，上述按照教材中的不同位置进行教学内容研制的解析也未必科学，但是，却能使我们对阅读教学有个清晰的认识：我们教的是这一篇文本，教的是这个年段，而不是其他。阅读教学课堂在一定程度上是丰富的、深刻的。在这背后，传递的是教师对语文阅读教学的理解。

“聚焦语言形式，揣摩语言的音、形、义，品味语言的色、香、浓，乃至掂量语言的轻与重，估摸语言的刚与柔。”（郑逸农语）教师备课时做好了“聚焦”的工作，则寻求到了阅读教学的核心价值，更能凸显语文独有的教学任务，叩开阅读教学内容研制之门。

第二节　陌生思维：熟悉中的陌生

“眼前鸟语花香，耳边溪水淙淙，每个文字如情人般含情脉脉地注视着我。”一文学大师如此形容自己的阅读感受。他对言语特殊的形象感、敏锐感已达到人文交融的境界。但是，在阅读教学中，出现的却是这样的现象：学生在教师的指导下终于领略了某一文本言语的魅力，但是换了一篇文本，他们的目光又开始茫然。当然，我们不能要求学生达到文学大师这样的境界。但是，就如人面对大自然的美妙一样，我们听到的不能只是声音，看到的不能只是颜色，其中的情趣也应该学会自己去领略。要实现“自己去领略”，最根本的就是让学生掌握阅读能力，学会自主阅读，而这种能力得以实现的关键是思维方式的形成。

语文教材基本由一篇篇选文构成。这些选文一旦进入教材，就有了它作为教材的独特的意义，即语文阅读的价值。一篇文本，学生通过自己阅读，不能说全懂，但也能似懂非懂，对文本已经没有全然的新鲜感。这是学生独立阅读后呈现的状态。基于这样的现状，教师可以尝试运用“陌生化理论”教给学生阅读的思维方式，来提高阅读教学的有效性，让学生能自己去发现熟悉中的陌生。

一、“陌生化理论”与阅读教学

“陌生化理论”是20世纪初俄国形式主义理论家维克多·什克洛夫斯基提出的诗学概念。即“艺术之所以存在，就是使人恢复对生活的感觉，就是为使人感受事物，使石头显出石头的质感。艺术的目的是要人感受到事物，而不是仅仅知道事物。艺术的技巧就是使对象陌生，使形式变得困难，增加感觉的难度和时间长度，因为感觉过程本身就是审美目的，必须设法延长。艺术是体验对象的艺术结构的一种方式，而对象本身并不重要”。这是艺术领域的思维方式，虽然它和阅读教学不是同属于一个范畴，但是在一定意义上两者是相融的。

（一）产生阅读距离：“使石头显出石头的质感”

有人说，身边的风景总是会被遗忘。也有人说，距离产生美。这是为什么？就如乌镇是典型的江南水乡古镇，吸引了不知多少游客纷至沓来。但是，对于长久居住在乌镇的人来说，由于天天见，日日看，古镇本身的魅力却显得淡薄。如果乌镇居民出行旅游，绝大部分人都合计着往九寨沟、新疆等一些旅游胜地跑，也就忘记了乌镇本身就是旅游胜地。这就是所谓的“审美疲劳”。而“陌生化理论”蕴含着“透过现象看本质”的思维形式，即使思维主体对现象再没有新鲜感，也能透过现象欣赏到它本质的特征，即使是朝夕相处的事物也能保持它本身的魅力，而显得新鲜依旧，美丽依旧，就连石头也能凸显出它原本应该有的质感。

现代哲学认为，阻碍我们前进的，往往不是未知的东西，而是已知的东西。让文本陌生化,使学生与文本之间产生距离感,在一定程度上会增加学生与文本对话的难度,延长对文本感悟的时间,而这恰恰使学生感悟得神经敏锐了,思维积极了,事物原本的面貌得以呈现。

(二)经历阅读过程:"感受"而不是"仅仅知道"

如果在一场艺术盛宴面前,有人没等你细细品味,就开始指手画脚,大谈特谈其中的艺术价值与艺术魅力,不能说让人倒胃口,但至少容易让人兴味索然。因为这其中,缺少了个体具体"感受"的过程,只是抽象地"知道了"。"感受"这一过程,本身就是美的。其中的滋味,就是享受艺术盛宴的其中一部分。心灵的震撼、感官的刺激、难以言喻的激情,这不是能以"知道"来代替的。这种刺激和内心的震动我们可以称之为"领略"。领略在《现代汉语词典》中的解释是了解情况,认识意义,辨别滋味。所陈述的三个词,并不是单纯的感性活动,它更需要理性活动,都需要思考。

阅读教学也如此,它不是简单的知识传授、单纯的理性活动,更需要感性的参与,需要学生以一个阅读者的姿态经历阅读的过程。"知道为什么"远远比"知道什么"更重要,"怎么知道的"比"知道为什么"也更重要。"感受"是以极为具体、极为丰富的形态让人真正地"知道"。

(三)转换阅读视角:"恢复对生活的感觉"

"恢复对生活的感觉",这是一种更好的生活态度,这是一种重新唤起人们对周围世界的兴趣,不断更新人对世界感受的思维方法。生活,不是"左手握右手"的麻木不仁。会享受生活的人,永远都能跳出原来的惯性思维,不以原本的认知方式"圈住自己",而能以自己独特的心灵视角,去摆脱感受上的惯常化,以惊奇的眼光和诗意的感觉去看待事物:世界多美好!生活多美丽!即使这份感觉不够美好,但起码还是有感觉!因为痛,也是一份感觉!

确实,同一事物,用新的视角去感觉,能收获不同的惊喜。同一篇文本,用新的视角去赏析,也能领略到不同的美。如《七律·长征》(苏教版五年级下册)这首诗,诗的韵律是美的,诗中呈现的画面是美的,诗中作者的豪情是美的,诗中战士的革命情怀更是美的。只要换种视角,一种全然不同的美感就能直接展现在你眼前,似乎单一的文本焕发着永久的生命力。

二、在阅读教学中运用“陌生化理论”

“陌生化理论”在阅读教学中的运用,不仅仅是引导学生领略一篇文本,而是让学生从“陌生化理论”视角,用阅读的思维方式去发现言语的秘密,学会自主阅读。

(一)“错用处”辨别,读懂“不恰当”中的深刻

学生对于文本的阅读呈现得更多的是努力读懂状态,有不懂的,想尽办法读懂。即使感觉到“有些内容不大恰当”,也由于“教材至高论”的想法作祟,这些内容被接受甚至不容置疑。基于学生如此阅读状态,教师如果也不能敏锐地把握这些“不大恰当的内容”,那么学生的“读懂”只能停留在文字表面。“读懂课文”在一定意义上变成了只是“接受课文”。

《鞋匠的儿子》一文中,有这样两个句子——“虽然我不是伟大的鞋匠,但我从小就跟父亲学到了做鞋子的艺术。”“我无法像父亲那么伟大。”对于学生来说,无法理解大街上“修鞋匠”的技术为“艺术”,“修鞋匠”是“伟大”的。虽然他们会以一大套冠冕堂皇的语言来描述人人平等,就如人们所赞誉的清洁工如何伟大是一样的道理。但是哪个孩子真的能从小立下志愿去做清洁工或者修鞋匠?不会。因为他们内心深处不会去认同此类职业。这里的“艺术”和“伟大”两个词,对初读的学生来说是“意外的”,甚至是“错用的”。

教师如果忽略了这一点,那么学生对于这两句话的理解便不痛不痒——“这两句话体现了林肯对父亲的尊敬和爱戴,他认为自己没有父亲伟大。”这样的理解,就如口号般正确,但很难说明喊口号者内心对它的全然的认识,这只是作者的言中之意,并不是语言内在的本质,因为仅仅是知道。但如果执教老师着眼于这两个词进行辨析,阅读过程可能就不一样:在你眼

里，什么可以称之为艺术？在你的认识中，哪些人可以称之为伟大？卑微的鞋匠，在等级观念极为鲜明的美国，林肯竟然称父亲的技术为艺术，称作为国家总统的自己不如父亲的伟大，这两个词语是否错用了？“艺术”与“伟大”这两个词运用效果的剖析，使得学生对于文本的语言保持了原本的“陌生感”，循着这“陌生感”，延长了感悟文本语言的时间，“透过现象看到本质”，读懂作者的言外之意是在陈述“人人平等”这一深刻的政治观点。

作者想表达自己的快乐，会用快乐的字眼去渲染；作者想表达自己的愤慨，会用激烈的文字去抨击；作者想诉说自己的痛苦，会用沉重的语言去抒发；作者想表达什么意图，就会有什么样的语言。在阅读时，我们要学会关注那些类似于“错用”的陌生的字词，试图找到话者思绪飞动的“集中点”，和话者的心灵相遇，才有可能读懂作者的言外之意。从这一视角出发，才是真正读懂文本的根本。

（二）平常处发现，领略浅淡中的情意

在语文教师的课堂操练下，只要碰到“比喻、拟人、排比”等等运用修辞手法的语段，学生已能“条件反射式”地侃侃而谈这些修辞手法表达的效果。但是脱离这些显性的表达形式，学生对于眼前的语句还是视而不见，毫无知觉。因为在他们的阅读世界里，这些毫无特色的不够生动的表述实在如早晚问候的闲话家常般平淡，及至没有咀嚼的胃口。但古往今来真正的语言大师，语言的功夫就在于“不显山露水”的陈述中，浓浓的情意就散落在浅浅淡淡的文字里。

“这是一株柳，一株在平原在水边极其平常的柳树。”这是《青海高原一株柳》开篇第一句。极为平常，再怎么卖力地“有感情地朗读”估计也很难激情澎湃或者悠长生动。因为作者就是以“淡然”的语气陈述了一个事实。但是，即使在这极平常的表达中，却也能发现其中“言语的秘密”。因为简单的意思，作者用了两个分句表达，前者只说明这是一株柳，后者交代它是怎样一株柳。后者在柳的前面加了几个修辞短语：在平原、在水边，极其平常。

由此，一株极为平常的柳树就呈现出来了，这一柳树平常到不值一提。而当你和下一句连起来一起读，这一“平常”的感觉将更加强烈：“这是一株神奇的柳树，神奇到令我望而生畏的柳树，它伫立在青海高原上。”你会突然顿悟：开篇的淡然就是衬托后一句作者激动的内心。前一句的生长在平原与水边的柳树的平常，与后一句形成反差：生长在青海高原上柳树的神奇令人望而生畏。作者对青海高原之柳的浓郁情感也自然地在文字中流泻。

《寒江独钓图》中一叶扁舟漂浮水面，一个渔翁独自垂钓，几笔微波外皆为空白，有力地衬托出江面空旷寥廓、寒意萧条的气氛，给人留下意蕴无限的想象空间。齐白石寥寥数笔，就把生灵活现又意趣盎然的虾呈现在人们的面前。语言如画。美学家鲍桑曾说：“语言是如此透明，以致我们感受不到它的存在了。”然而，“言语的秘密”，即话语形式就蕴藏在这极为平淡的陈述中。如果教师不引导学生去关注，那么在学生的阅读视野里，永远也不会有无比丰富的韵味存在。但是，如果教师有敏锐的言语知觉，能对类似于这一语句的言语材料做“陌生化”处理，让学生对这些语言材料产生一定的阅读距离，学生眼前会突然一亮。再朴实的语言，也有自己的秘密，那就是如何朴实的秘密。再平常的语句，也有自己的表达效果，那就是作者独特的情意。这种理性的认知可以称为“领略”。一篇文本感染人，除了外显的生动的语句，更有那些看似无味的“言语材料”的组合。如《爱如茉莉》一文中的结尾“哦，爱如茉莉，爱如茉莉”。再如“我家门前有两棵树。一棵是枣树，另一棵也是枣树”。鲁迅的文学作品也已经充分证实了这点。

克雷齐在《心理学纲要》中指出，“那些完全熟悉的内容极少能引起人的兴趣，只有‘新奇’的东西才能吸引人的注意，才能在新的视角、新的层面发掘出自我本质力量的新层次并进而保持它。”对学生来说，陈旧的是内容，陌生的是语言的形式。学生在发现新鲜的，和原本阅读关注到的不一样的东西后，与文本之间就产生了陌生感带来的距离美，“言语的秘密”一旦发现，其中的滋味一旦领略，原本可能无所依附的菟丝花就显得生机盎然了。而新的视角的引导与开发，学生新层次的本质力量自然也能发掘出来。因为，他们拥有了于平常处都能发现“新鲜”的新视野。

（三）乏味处赏析，体会无味中的理趣

学生爱看小说，因为有情节，爱读散文，因为有诗意的语言。他们普遍不太爱读的，是那些端着严肃脸孔的文字，如小学语文教材里说理的文章。这些文章往往和一般意义上的生动活泼完全不能对应，会让他们读来觉得乏善而无趣。但是，在似乎乏善可陈的文章中，却偏偏隐藏着浓浓的“趣味”。这“趣”，即“理趣”。

《为人民服务》（人教版六年级下册）是毛泽东主席在张思德同志追悼会上即兴做的演讲，观点鲜明，层层深入，富有逻辑之美。六年级的学生阅读本文，虽也能朦朦胧胧读懂全文，但由于共产党员要为人民服务的政治观点太过于遥远，文字又太过于严肃，使得文章不招人爱。因此，教师要善于引导学生以欣赏的眼光去品味其中的“理趣”。

薛法根老师教学本文第三自然段时是这么处理的：

（1）第三节写的是什么？读一读你画的句子。

（2）交流比较。这段话中每句话都写了一个意思：要为人民的利益坚持好的，改正错的。

（3）同样一个意思，用不同句子来说，写法一样吗？发现毛主席善用关联词使论述更严密、更清楚，让人感觉很严肃、很坚决。

（4）这两句话中还讲了“精兵简政”这件事。这段话和刚才的话有什么关系？

（5）总结：只有一个意思。一连说了三次，这样就深刻了，中间一次是用事例来说的，就更有说服力了。

学生面对语段的阅读，为什么只是看到局部的一个词，一个句子，对于文本的理解，为什么总停留于零碎的剖析，缺少整体的意识？因为在他们的头脑里没有建立起逻辑的意识。用叶圣陶先生的话说，“教材无非是个例子”，我们在教学中要凭借这个“例子”练就语文学习的基本功。如果在阅读教学中，不凭借课文培养学生的思维能力，如归纳段意、揣摩文章思路等逻辑思维能力，就违背了语文教学的基本规律和基本目的，学生的言语智慧就难以得到生长。

夏丏尊先生曾与弘一大师同住白马湖畔，见他只吃一道咸菜，便问：“难道你不觉得咸菜太咸了？”答曰：“咸有咸的味道。”后见他只喝白开水，又问：“难道你没茶叶？不觉得太淡了吗？”答曰：“淡有淡的味道。”是的，咸淡各有属于自己独一无二的味道。在这一案例中，教学引导学生发现了关联词表达的作用，用不同话语说同一个意思的作用，用事例来论证观点的作用，这一段就不再是单纯的说理的文字符号，而是在学生头脑中建立起了较为丰满的语言形象，把握了其中的本质的特征，“让石头显出石头的质感”，尝到了“咸淡”中的味道。

如果把每个言语材料比作是珍珠的话，那么总有根串起珍珠的线。珍珠与珍珠之间有了紧密的关系，呈现出了排列的逻辑之美、语言内在的理趣之美，而学生一旦把握排列组合的逻辑，整个语段的结构就如一幅框架图，在学生的记忆里留下了深深的痕迹。当他再阅读一篇文学作品的时候，即使语言似乎再无味，他的目光里就不再只有那些零散的珍珠，而是学会去探寻其中的另外一种美。

(四)华丽处转身，品味浓郁中的意境

许多教师对这样的文章很头疼：全文词句华丽，表现形式多样，就如一个菜肴，太过浓郁，浓郁到让人找不到它的本味。学生则不然，他们对于这样的文章，生动、优美，诸如此类的评价绝不吝啬。教师和学生的表现截然不同。但是在这不同的背后却呈现着相同的本质：教师找不到文章的本味，学生只停留于语言外在的华丽，他们都没能真正地品味如此语言所表达的意境。改变这种状态的关键还是决定于教师先学会在华丽处转身，不要被淹没在满满当当的优美语句中。

《安塞腰鼓》就是这样一篇课文。反反复复读课文，反反复复咀嚼每一个文字，会突然间觉得自己在这气势磅礴的鼓声面前变得很渺小，自己的心也只能跟随着安塞腰鼓发出隆隆、隆隆的鼓声。因为全文的语言正如安塞腰鼓，火烈火烈，热情奔放。感叹号的聚集、开头结尾的以静衬动，短句、比喻、排比的运用等，大到整篇，小到一个字眼，都在传递着安塞腰鼓火热的激情。

那么多的内容，本文到底该教什么？很显然需要取舍。取什么？取表达方式中最集中，最有特色的，最典型的。纵观全文，最能体现气势的，覆盖全篇的就是排比手法的运用。“找出课文中的排比句，选择觉得最精彩的，最能体现生命力量的一句，放声读一读，品味组成排比的几个分句，为什么这么一组合，这个句子就显得这么精彩？”

语言是思想的外壳，思想是其内容。这两者是不可分割的。简单告诉学生语言形式的表达作用，那么外壳永远是外壳；直接阐述思想的意义，那么内容永远遥不可及。形式与内容融为一体才能互为映衬，显示出特有的意境。火热的舞蹈中蕴含的火热的激情与生命的强盛是一个民族的魂魄，但民魂是抽象的事物，它只有与语言融合在一起，才有了形象的支撑。因此，学生在品析排比句的精彩时，自主感悟，自我建构，把思想和语言融合在一起，把安塞腰鼓的热情燃烧在心灵深处，生发出蓬勃的生命力量。

过于沉重的爱，会容易蒙蔽自己的双眼。相反，在语言的丰富世界里，不迷醉，能自拔，你就看到了别样的风景。与文本保持适当的距离，并善于优雅地转身，你就能整体地审视文本，就有了俯瞰全文的审美能力，找到最为核心最为有价值的内容，并以点带面，寻找到最美丽的风景。

“陌生化”理论运用于小学阅读教学的实践策略有很多很多，需要我们不断地探索研究。以“陌生化”视角形成的阅读思维方式，是符合学生学习天性的，它能激发学生阅读的兴趣，探究的欲望。学生在阅读时，能从“习以为常”中感受到文本的异乎寻常、非同一般，得语言之深刻、语言之情意、语言之理趣、语言之意境，并形成更高的学习能力，来提高阅读的有效性，最终实现自主阅读的目标。

第三节　联比思维：情境中的比照

听一位教师上《青海高原一株柳》一课，教学流程是这样的：认识高原环境，出示形容环境的词组，要求学生自读，通过想象读出意境；认识柳树形象，要求学生自读，思考从每句话读懂什么？学生交流后教师概括“粗壮、高大、坚硬、巍巍然”等词语；读懂作者猜测和想象，要求学生自读，思考哪些语句让你感受到不容易，画出来，写下自己的体会；体会作者衬托的写法。

整体回顾这一教学流程，发现教学内容指向相对比较明确而集中，教学活动紧紧围绕教学内容而展开。但整个教学流程中，学生就如按部就班的程序中被操作的零件，毫无生气。很显然，高原上如此壮观的风景并没有震撼学生内心。执教老师分析：青海高原之柳距离学生太过遥远，难以激发学生共鸣。这固然有理。但本质的原因不在于青海之柳的遥远，而在于学生对平原之柳的陌生。平原之柳与青海之柳在学生的认知结构中未形成联比关系。

一、联比是什么

（一）心理学角度的理解

联比为复合词。联，联系、联想。比，有比照之意。联比，是一种思维方式。生活中，联比无处不在。成人看待世界，自有把事物与事物联系比较的思维能力，因此，极易把握事物本质。阅读文本，教者也能以较敏锐的视角看到文字所传递的内涵。但这似乎极为平常的思维能力在学生身上无法施展，因为学生不会主动联比。

联比，学生自己先得有一个可以用来和其他东西作比的“原型”，这个

“原型”越牢固,越鲜明,其他事物的比较就越发清晰。“原型”模糊,则越是联比,越是糊涂。如果没有平原之柳的江南女子形象作为“原型”,青海之柳的西北汉子的刚硬伟岸怎能在学生头脑中建立呢?如果只简单地以转盘识字方式让学生辨析比较“清、请、情、晴”,而漠视“青”这一原型,几个形近字的区别怎能牢固地纳入学生认知结构呢?由此,让学生学会联比,首先要让他们建立清晰的“原型”。

(二)组块教学的理论阐释

联比,如果运用组块教学的理论来解释,就是将新学习的知识、经验、新体验到的情感等与原有的知识块、经验块、情感块产生有机的联系,整合到一起,产生比照,丰富已有的知识、经验和情感等,促进主体的发展和生命的成长。但是,学生即使找到“原型”,也往往难以准确把握两者的可比之处。其实,或相同处,或对立处,或相似处,或矛盾处,或因果处,或承续处等等,都为可比之处。

平原之柳树叶颜色的嫩绿、枝条的柔软与纤细、生长环境的优越,与高原之柳叶绿的深沉、树叶的坚硬、树干的粗壮、生长环境的恶劣形成了相对。捕捉两者的相对处,截然不同的形象即刻跃然纸上。学习联比的思维方式,从不同角度发现联系,主动比照,文字传递的意味自然不会遭遇视而不见的待遇。

(三)阅读教学法范畴的意义

中学语文特级教师韩军在“二环节语言强化教学”中,明确提出“以语言为核心的联比揣摩阅读法”。这套教学法既是一种教法,更是一种学法。阅读教学的关键是语言的联比。联比贯穿阅读教学的始终,处处用联比,处处有联比。这种教学法,是在“以文体为单位的联读教学法”的基础上,逐步完善、发展而形成的。虽以中学语文阅读教学视角提出,但在小学语文阅读教学中具有借鉴价值。

心理学、组块教学理论、阅读教学法等不同角度的探究,为联比的运用提供了理论基础。简而言之,联比可以解释为“借用关联,形成比照,使学生达到融会贯通与心领神会”。这一思维方式在生活中具有普适性。思维决定行为,改变阅读教学的现状需改变学生的阅读思维。把生活中最基本的、最常用的认识世界的思维方式运用于阅读教学,更具有实践的意义。“联比”思维关照下的教学更贴近学生,基于的是儿童的视角,以此相对应的教学内容与教学活动更切合学生的需要。

二、怎样联比

(一)相对相映的言语材料——在改变中发现,透视语言的张力

在文学评论中,常常会有这样的评价:“文章写得张弛有度。就是说写文章应该有紧有松,有疏有密,跌宕起伏,有张有弛。节奏感好的文章读起来令人赏心悦目。”这里的“张”就是指张力,在物理中常指某物体受到拉力后物体内部产生的一种牵引力,引申在文学方向则是指作者对文章的情节内容驾驭熟练,可收可放,使文章节奏恰当,而不拖沓,如弓之开合,恰到好处。

恰到好处,多一分则浓,少一分则淡。即使是一粒轻许的微尘,也可能因之失去“不平淡,不夸张”的恰到好处,张力也即不复存在。然,“失”即“得”是事物发展规律,在失去的改变中,借给学生一双独特的眼睛,使学生大脑中原本贮存的“语言信息库”由朦胧变清晰,逐渐习得“透视”语言文字的功夫,感知语言的张力。

《埃及的金字塔》一文为说明性文章。说明文到底是什么样的?教者可执手术刀将文本剖开,细细研究。学生在参与解剖中,看到的是独立的细胞,唯独不见细胞的整合体。因此,说明文到底是什么样,学生难以在“语言信息库”中建立关于说明文的清晰概念。

一教师在教学本文时设计了以下两个教学内容:

(1)欣赏穆青写金字塔的散文开头,并把课文开头改成散文开头,思考:散文开头能不能替换该课文的开头?引导学生发现说明性文章和散文的区

别是用最简练的语言说清楚说明白，让人了解本不了解的事物。

（2）本文用了例数字等方法介绍了金字塔的特点，为什么还出现描述性的语言？如“相当于40层高的摩天大厦”“几千年过去了，这些石块的接缝处连锋利的刀片都插不进去”等。如果去掉这些描述性语言后，文章有什么区别？让学生发现科学性的介绍和说明性文章的区别是语言通俗易懂。

苏霍姆林斯基说：“我努力做到，使一个词对儿童来说，不仅仅是一样东西，是对象和现象的标志，而是使它带有情感色彩——带有它芬芳的香气和丰富多彩的色调。重要的是，要使儿童像倾听美妙的旋律一样倾听词，使词的美和这个词所反映的那一部分世界的美能够激起儿童对于表达人类语言的兴趣。”

含蓄的语言，与直白相对；朴素的风格，以浓烈相称；说明性文章的笔法，则与散文的抒情笔调，资料介绍的科学表达相映。在改变中发现，语言更显张力。张力所蕴含的“不平淡不夸张，恰到好处”的秘密则自然显山露水。“阅读说明性文章，能抓住要点，了解文章的基本说明方法。”这是新课标对说明性文章提出的要求。“说明方法”的内涵不仅仅局限于举例子、列数字之法，还应包含文字所传递出来的特有的张力。解读张力，透视缤纷的语言，与学生原本的语言结构相融合，自我建构这一体裁文本表达的语言结构，使学生的言语潜能得到充分发展。

（二）相同结构中的不同——由平面到立体，触摸真实的形象

马克思曾就“人愿不愿意回到童年”这个问题作出过精辟论述。他说：“一个人不能变成儿童，否则就变得稚气了。”但是，儿童的天真不使他感到愉快吗？他自己不该努力在一个更高的阶段上把自己真实再现出来吗？马克思之口道出了童真的本质之一为真实。在阅读教学中，涉及人物，教师总会提问：这是一位怎样的人？问题本身并无过错，只是在单纯的寻求答案的过程中，儿童往往得到的是标签式的平面化的人物形象，这一形象和儿童心中的“真实”是存在距离的。距离，使儿童触摸不到“真实”。

薛法根老师执教《三打白骨精》：

(1)故事一波三折，孙悟空三打白骨精。当这个美貌的村姑出现在他们面前的时候，唐僧师徒的反应有何不同？可以看出孙悟空是个怎样的人？

(2)孙悟空为什么要第三次才能把她打死？孙悟空每次打有什么不同？哪一次是不一样的？这是一个怎样的孙悟空？

(3)孙悟空把妖精打死了，是坏事呢，还是好事呢？如果你碰到这样一个师傅，第一次打死妖精，他念紧箍咒，第二次打死妖精的时候念了二十几遍，你心里怎么想？可是孙悟空是怎么做的？这是一个怎样的孙悟空？

“戏剧的结构像建筑，小说的结构像树。小说的结构是更内在的，更自然的。”(汪曾祺语)如果一提炼，小说的结构类型不下十多种，每种结构“但常行于所当行，止于所不可不止”(苏东坡语)。结构能推动故事情节，还能塑造鲜明的人物形象，因为小说中人物的形象就在这些结构中“真实”的存在。

孙悟空在学生头脑中已有固有的形象，学生可以用一系列词语表达自己对人物的喜爱。然薛老师不满足于蜻蜓点水般的认识，而是在小说相似的结构间建立联比关系。单一的比较，孙悟空的形象还是停留于平面，但是在不同角度的比照中，在巧妙的提问与追问下，是非分明、疾恶如仇、机智多变、忠心耿耿、矢志不渝的人物形象真实而立体地呈现在学生面前。孙悟空就不再只是小说中的形象。他就如一位活生生寻求梦想的人，在曲折的追梦途中，执着自己的信念，凭借这勇气与力量，寻求着自己的“真经”。比较相同结构中的不同，使学生触摸到人物真实的形象，更为学生折射了生活的真实。

“你之所以为你”，每样事物，每一人物，总有“成为自己”而特别拥有的本质特征。阅读教学中，作为教者不仅仅要带着学生去比较相同中的不同，还要领着学生学会用“慧眼”去发现不同。发现与比较，阅读课堂中学生的思维强度自然要比单一的感悟深刻得多。学生在放大瞳孔的体验中，兴趣盎然，乐此不疲，从而寻求到事物真实的本源。

（三）作者与读者的内心——读进去读出来，读到本质的自己

从来就没有人读书，只有人在书中读自己、发现自己或检查自己。书就如魔镜，映照的不仅仅是文本中的人物，还有读者最真实最本质的自己。这就是阅读的力量。当徜徉在曹文轩笔下富有魔力的向日葵田时，我们内心涌动的是对生命的情感，文字中的向日葵激荡了读者的内心。阅读教学也如此，它要勾连的是文本与读者自己，丰富的是读者的情感。因此，在教学《夹竹桃》一文时，我们有了这样的教学情境：

师：什么样的人就能写出什么样的文字。你从这三幅幻想图中，你发现季羡林老先生是一位什么样的人？

生1：想象力非常丰富，很有生活情趣的人。

生2：我觉得他是一位非常热爱大自然的人。因为他看到花的影子就幻想成有非洲有亚洲的地图，看到几只飞虫，就幻想成海轮。说不定他还在幻想乘上海轮去周游世界。

生3：我觉得他是个善于观察的人，善于观察才能写出那么多美的文字。

生4：我觉得老先生很乐观，是一位富有童心的老者。

师：他富有情趣、幻想、童心、诗意，热爱生活……老师用一个短语进行概括——丰富的心灵。拥有丰富的内心的人是不平常的人，平常的事物在这些不平常人的眼里会具有独特的魅力。生活中，我们也有自己喜欢的事物，你能像作者一样，对自己喜欢的事物进行幻想，描绘一幅幻想之图吗？

（学生书写后交流的内容较生硬与单调）

师：作者的想象之图那么富有情趣，为什么我们在构想自己的幻想之图时却觉得困难？

生1：因为我们没有像季老先生那样丰富的内心。

生2：可能因为我们对这种事物的感情还不够。

师：对，这两点具备了，以后我们可能也能写出如作者这般富有情趣的文字。

由古至今，人们习惯把“上学”称为“读书”。这里的“读”不仅是朗读，更是解读。“读书百遍，其义自见”一言中，“义”指作者的心灵，读者的心灵。读书易，读己难，读懂自己更难。揣摩作者季羡林先生的内心，感染于他的情趣、他的童心、他的诗意、他对生活的热爱，比照的是学生自身对事物的感情，对生活的态度。作者的内心与学生的内心之间产生了勾连。读进去，读出来，在文本中徜徉的过程中，学生读到自己、发现自己、完善自己。由此，阅读教学对孩子当下的生活能起直接的作用，孩子的生命也能因此充实与丰富。

阳光、海水、雨水三者之间存在联系，由此，形成了水的循环。反之，这三者只能称其为三个单独的“封闭系统”，因没有建立联系而无法形成自然的循环。没有从儿童视角，勾连作者与读者的内心，联出文本与儿童之间的意义，文本只能静止于书面的文字，“读书”则不能“见其义”，阅读的力量也难以在儿童的心灵萌发。

（四）他人的故事与儿童的认知——设身处地中自省，生长思想的芦苇

为什么网络游戏往往令人沉迷？因为游戏模拟情境过于真实。它促使人们可以不受理智控制地练级闯关，享受到成功的意义。如果阅读如好玩的网络游戏一般，具有练级闯关般的“意义建构”，那么阅读参与者就可以不受理智的控制，身不由己地参与到互动中，在不知不觉中超越预期的目标，从而获得意想不到的洞察力。简而言之，文本中他人的故事，对儿童来说已不仅仅是“他人的故事”。因为，他们在自己的认知结构中建构了自己的意义。

《猴子种果树》是一篇挺好玩的童话故事。猴子种果树为什么没有成功？学生给出答案是猴子没耐心没主见。一个故事得出一个道理，课的尾声部分，总有教师爱这么教，就如思想品德课程。然思品课程不太招儿童喜爱，如此地叩问猴子的失败确实很难得到学生共鸣，因为停留于纸页的故事是他人的故事，扣动不了儿童的心弦。

薛法根老师设计了这样一个教学活动：老师做猴妈妈，所有的学生做小猴子。猴妈妈在和小猴子的聊天中抛出许多问题：孩子啊，你辛苦了这么多年，怎么一棵果树都没种成功啊？这些鸟儿朋友的话到底有没有道理？既然鸟儿朋友的话都有道理，为什么你还是一事无成？如果以后你再种果树，你会怎么种？如果再有鸟儿朋友来劝你，你怎么办？一个又一个情境追问，促使学生以小猴子的视角进行了反思，由此，小猴子的认知与儿童的认知产生了勾连，使儿童的思想得到冲击，由此，对待生活的态度，这一人生的哲理，在儿童设身处地的反思中，慢慢地滋养在他们的内心。

人是有思想的芦苇。卢梭提出"教育即生长"。思想是人最重要的特质，没有一个人能把他人灵魂里原本没有的思想灌输到他的灵魂里去，但能让人生长思想的芦苇。如何生长？除了教师给予的营养灌输，更需要儿童有一种自觉自愿的内在诉求。当他人的故事成为自我的故事时，儿童就能设身处地自省，生长出芦苇的嫩芽。新生的思想与原本的"思想相似块"产生碰撞，柔弱的芦苇会逐渐变得强大。

江苏省教科院原副院长杨九俊在《理解儿童》一文中提出："理解儿童是教育的根本问题。教育是人学，教育是儿童学。基于儿童立场的教育，要以理解儿童为前提。"让学生在联比的思维学习中，透视语言，发现不同，读到自己，丰富自己，文本与儿童在原本语文实践活动中积累的信息单位产生紧密的关联，使之不断地完善。当然，如何联比的阅读策略是丰富的，笔者难用一文以概之。但，如此的阅读教学是以儿童思维学习的视角为基点的，学生往往能历练出敏锐的目光，欣赏到别样的阅读之美。

第四节　整体思维:窥一斑知全貌

教什么比怎么教更重要,这基本已成广大语文教师的共识。然而,烦冗琐碎的阅读课堂却仍屡见不鲜。探其原因:教师虽有诸如"一课一得"等教学内容观的意识,却缺如何研制教学内容的策略。

如何研制教学内容?视角不同,策略也就不同。基于作品建构的语境为研制的一个重要视角。从微观上,作品内的上下文构成了一个个完整的语境。它包括句段篇、作品内的言语形式、写说者的"题旨"、语体风格等。汉民族整体思维的方式牵制着汉语,使语境内的段落呈环状或者螺旋形,即段落以反复而又发展的形式对一个主题加以展开,讲究起、承、转、合,追求整体效果。人们在表达一个词、一句话乃至一段话时都必须与整体语境紧密地联系在一起。任何脱离语境的文本解读、抛开语境的教学内容,往往都是片面的、无价值的,甚至是不正确的。语境受整体思维牵制。

整体思维在辩证逻辑中作为一种独立的思维方式而存在。周易的整体观念认为:"整体思维又称系统思维,它认为整体是由各个局部按照一定的秩序组织起来的,要求以整体和全面的视角把握对象。"吴官保则提出:"整体是建立在相对局部上的运动结构和静止结构之上的抽象能量表现形式。"

第一,蕴含"内在的秩序"。就如有的医生看病,头痛就看头,脚痛就看脚,殊不知中医有"头痛医脚,脚痛医头"的整体疗法。任何事物的各要素之间都存在相互联系与相互影响的关系,也可以理解为"内在的秩序"。按照《辞海》的解释,"秩,常也;秩序,常度也,指人或事物所在的位置,含有整齐、守规则之意。"整体思维提倡的是让人从事物的"内在秩序"去认识和把握事物的思维方式。

第二,呈现"立体的结构"。当思维对象确立之后,思维主体要从横的方面,也就是从客观事物自身包含的各种属性整体地考察它、反映它,使整体性事物内在诸因素之间的错综复杂关系的潜网以立体的结构清晰地展示出来。

第三，表现为“抽象的能量”。任何事物的形成、发展与变化都是自身综合作用下形成的结果。整体思维观认为，通过综合而形成的整体是抽象的，这种能量是以具象为基础的抽象能量。综合的，往往能把握本质的特征。就如辨析不同种类的人，才能得出“人”的特性：两足、直立行走、能思维、会说话……由此，“人”才区别于其他动物，得出的整体才是真正意义上的整体。

第四，基于“整体的视角”。地球上的万物无不是在以地球为中心的大背景下产生的，这种系统指导下的局部运动，无不渗透在万物之中。任何局部事物的形成发展离不开整体背景，整体思维是由整体到局部的思维方法。整体对局部的影响，离不开内在联系。因而，这一整体是以共性为前提的整体。

策略的改变首先是思维的改变。如何从整体思维着眼研制阅读教学内容？笔者认为，可以立足于整体思维的内涵，从语境所创设的文本主题、文体特征、文本结构、文本语言等角度进行探究与构建。

一、要素融合：由孤立构联系，深刻体悟表达主题

事物蕴含“内在秩序”，从这一角度去思考，整体思维的对立名词为孤立。世界上没有一样事物是孤立的。多人为众，人与人之间必然建立联系。组成事物的要素也不存在孤立，它们之间错综复杂的关系组合才使其成为这一事物而非另一事物。这正如一个人的脸，即使移植了天下最好看的眼睛、鼻子、嘴巴，但由于几者无法融合，这张脸上也不怎么好看。相反，有些五官难以称为精致，可摆放在一张脸上，却因和谐而美丽。

刘勰在《文心雕龙》中说：“夫人之立言，因字而生句，积句而成章，积章而成篇。”字、词、句、章、篇的连缀，是以相互之间的联系为前提。如几者之间没有“内在的秩序”，组成篇的字词则只具编码意义，而失语境意义。以解

剖的方式，去分析每一篇文本的要素。每个要素缺一不可，且各具特色。以任何一要素切入，都能演绎各自的精彩，却唯独缺少和谐之美。

《桥》为一篇小说。全文人物形象鲜明，情节表现独特，环境描写生动。着眼于小说的三大要素，可以设计以下教学内容：体会比喻、拟人等修辞对渲染环境的作用；设置悬念，体会结尾的巧妙，感受小说情节的意外；在朗读中走进老汉的内心，体会他高尚的品质。

三个教学内容清晰、有条理。可因文本被一厢情愿式地挥刀解剖，教学内容就难以引发学生共鸣。因为，孤立的三要素缺乏勾连，指向不一致，淡化了文本的表达主题。

同样执教《桥》一文，还可以设计这样的教学内容：感受洪水的环境描写推动故事情节的发展作用；通过故事情节中人物的对比，感受老汉的形象；读写结合，深化对人物形象的认识。不难看出，这几个教学内容也紧紧围绕环境、情节、人物三大要素，但却又有不同。笔者认为后者是更适合学生认知特点的。“外行人读小说读情节，内行人读小说读人物。”人物形象是在故事情节发展中得以体现，而环境的描写作为故事情节的线索，又是作为衬托人物形象的一个手段。三者融合，表达主题才显得鲜明而深刻：老汉阐释了共产党员的形象。同时，学生不喜欢一块块地把内容孤立地割据，由孤立建立联系，顺应他们的阅读顺序，让学生自然地学习，这样的内容才符合教学的规律。

《七龙珠》中美达摩星人的融合术是指两个人首先跳一种奇怪的左右对称的舞蹈，然后两人伸出双手各一个手指对上，就可以成为一个人。如果融合步法跳错了或者手指没对好，就会错误合成。阅读教学中的要素融合，也需遵循一定的原则，即无我。没有教师个人的一厢情愿，没有各要素独立的精彩演绎，而是准确考量要素与要素之间的联系，细致剖析各要素对表达主题的作用，深入辨析最为核心的要素，合理构建要素融合的教学内容结构。

二、异同比较：从具象到抽象，全面把握文体特征

“一叶知秋”，从一片树叶的凋落，知道秋天的到来。“一叶知秋”蕴含的

是以一个局部直观感悟、洞穿全局的能力。在生活中，通过个别的迹象，可以看到整个形势的发展趋向与结果，这未尝不可。但是，借助一叶的视角看到的整体往往不够全面与系统。火红的枫叶是秋的象征。然而，秋不只拥有火红，它还有枯黄的、翠绿的，还有枝头绚烂的；秋也不只有叶，它还有金黄的菊花、成熟的稻子……一叶得到的是秋意，而由无数的具体事物组成的整体才是真正的秋天。叶子是具象的，而秋天则是抽象的。

文体是适应语境的要求而产生的。语体形成后，其内部语言形式的特点也稳固下来，形成统一的整体风格，就如“秋意”。阅读教学中，我们能根据文本蕴含的特点之“叶”，知这一文体之“秋”。但，一篇文本无法全面诠释一种文体。综合同一文体的不同文本，从片片“叶子”的具象获取到抽象，才算是全面把握了文体的特征。

薛法根老师执教《谈礼貌》一文教学设计片段：

(1)比较读，异中求同。让学生读通三个故事之后，用心发现三个不同内容的故事，有何相同之处？提示学生尤其要关注段落“怎么写”的秘密。经过比较之后，学生不难发现三个故事中隐含的“侧重对话”的叙事方法及“先叙事后议论”的说理方式。

(2)比较读，同中求异。让学生将三个故事中的三句议论语作比较阅读，同是议论却有何不同？通过比较，学生发现其中的不同之处——引用俗语议论；阐述礼貌待人的作用；论述礼貌对于个人的意义。一层深入一层，是递进式的议论说理。学生据此就能真正把握三个故事如此排序的内在规律。

用一个个事例证明自己的观点，这是常用的例证方法，几乎每篇议论文本都会运用。如果本文教学内容只停留于这一点，那么教材在不同年级安排不同的议论文体的选文就只是做重复的机械运动了。即使学生学再多的议论文，他们的认知，也永远只停留于关于“论点、论证、结论”之类静止的概念积累中，“叶”还是“叶”，成不了斑斓的“秋”。

议论文教什么？我们需从整体思维视角去审视，从议论文体自身包含的各种属性整体地考察与反映。薛法根老师认为：“议论文教学的核心价值在于教会学生‘看别人如何说理’‘如何以理服人’，从中揣摩具体的说理方法和内隐的表达规律。”比较异同，可以让学生在了解事例论证的基础上，通过如何“就事说理”，如何“以理服人”地寻根问源，全面地把握议论文体的特征，认识真正意义上的整体。当然，这一整体也是一个相对的概念。选取不同的议论文本作为具象，进行异同比较，所获取的抽象意义可能也不尽相同。选取更多的议论文本作为具象，进行异同比较，所获取的抽象意义更接近整体与全面。但是，教师以整体思维研制的教学内容，在一定意义上更贴近这一文体的核心价值。

三、结构梳理：化平面为立体，系统探寻内在逻辑

书法家的行书作品潇洒不羁，随意，却饱含流动之美。然自己挥笔创作，洁白宣纸上只得墨迹斑爬，全不见洒脱之态。细究其奥秘，却得任何一种书法都讲究整体形态美、点画结构美、墨色组合美。即使是似行云流水般自由的行书，在布局谋篇中，也要遵循其规则：错落大小、调整轻重、左右挥洒、上下贯穿、力求和谐，随意中蕴含着严谨。这些规则，以其复杂的关系组合成事物内部存在的“立体的结构”。

书法如此，散文所构建的语境亦如此。散文的句与句、段与段之间更多地采用意合法。换言之，散文语段或语句的连接，有时并不一定靠语法手段来表现，而靠层次内容之间的逻辑关系衔接。因此，散文神不散。文章内容似错综复杂，却以内在逻辑构成“立体的结构”，清晰而集中地表达着共同的“主题思想”。

散文教什么？从言语中感受，这是散文一般的教学内容。感受的叠加，使得散文呈现为线性的单薄的平面，其内在“立体的结构”的逻辑之美难以彰显。而这却是散文教学的重要内容之一。

《姥姥的剪纸》为一篇叙事性散文。整篇散文都是围绕姥姥的剪纸写的。如果边读边思考段落与段落、内容与内容之间的联系，文本内在的“立体的结构”就能一览无遗地彰显。

(1)引导读第一自然段：心灵手巧的劳作指的是什么？姥姥的剪纸。

(2)引导读第二自然段：为什么左邻右舍的窗子上，都贴着姥姥心灵手巧的劳作呢？因为姥姥的剪纸技艺高超。

(3)引导读第三自然段：为什么在整个大平原托着的小屯里，左邻右舍都能贴上姥姥心灵手巧的劳作呢？因为姥姥广结善缘，有求必应。

(4)引导读“姥姥给我剪喜鹊登枝”这段生活。姥姥的剪纸为乡亲们带来那么多快乐，给我带来什么呢？

(5)引导读“姥姥给我兔子和老牛”这段生活。写姥姥剪喜鹊登枝已经能够让我们体会到祖孙俩之间的亲情，可是课文还不厌其烦写姥姥剪兔子和老牛，而且篇幅非常长，几乎占了整篇课文的三分之一，这是为什么呢？

(6)引导读最后一个自然段。小时候，姥姥的兔子和老牛剪纸陪伴我度过了快乐的童年生活。现在，我已经离开了姥姥。但是，作者为什么又写了兔子和老牛剪纸？

从一定角度诠释，“立体的结构”可以理解为文本的篇章结构。《小学语文新课程标准》在第三年段的阶段目标中指出：“在阅读中揣摩文章的表达顺序，体会作者的思想感情，初步领悟文章基本的表达方法。”表达顺序的揣摩，即探寻散文结构排列的内在逻辑，这是整体思维考量下研制的教学内容。

没有仅仅拘泥于一个字、一个词的久久回味，而是以整体的视角，看到的不仅是文本的一个部分，更是整个文本内在的立体构造。经过结构梳理这一思维过程，学生如层层剥笋般理清了文本材料排列的结构，系统探寻了文本表述的内在逻辑，自然能够领悟文本表达的是作者对姥姥由衷的敬爱和赞美，体会到祖孙俩之间浓浓的亲情。

散文虽散，但自有其章法。散文不存在“废字”，它每个部分内容之间的联系都是思维的产物。考量散文内在的联系，在一定意义上即探寻其中完整的逻辑之美，使平面的文字呈现出立体的结构之美。散文如此，其他文体亦是。在言语表达中，词和词、短语和短语、句和句、段和段之间，都会依据表达需要，遵守逻辑规则进行组合和排列。言语形式、言语主题、语体风格等，也应该依据一定的逻辑融合成立体的结构。发现结构，即体悟文本逻辑之美。

四、整体出发：于外围至核心，鲜明感知言语个性

最原始的地球没有生命，也没有丰富的矿藏，这些局部现象的形成，离不开整体的背景。整体思维是由整体到局部的思维方法。很平常的词在被植入一定的语境后，由于受到上下文的影响而变得生动形象起来，对它所在的语境产生了很好的渲染效果。然而，如果忽视整体的语境，局部平常的词语还是平常的词语，无法萌生美感。

如《姥姥的剪纸》一文，课后练习要求学生结合上下文理解四个贬义词：调皮蛋、刁难、挑剔、耍赖。如以编码意义理解为目标的教学内容，必然是平常且乏味的。调皮蛋的孩子是令人头疼的，喜欢刁难、挑剔别人，会耍赖的人是令人讨厌的。但如此教学内容显然徘徊于文本核心价值的外围。

然而，整篇课文感情色彩鲜明，每一处语言都表达着作者对姥姥深厚的感情。从这一整体出发，再读四个贬义词，教学内容就由外围向核心突破：贬义词活用，同样也传递着作者的感情。再从整体出发，再读全文，教学内容由外围走进内核：除了贬义词活用表达情感之外，文本还有什么表达方法呢？各有什么作用呢？核心提取后，教师就能以整体思维串联起“感情色彩”的教学内容。

笔者执教《姥姥的剪纸》一文教学设计片段：

(1)读三组词(心灵手巧、广结善缘、有求必应等)，体会词语褒义的感情色彩。这三组词都表达了我对姥姥的赞美和敬佩。

(2)读词语(调皮、刁难、挑剔、耍赖)，体会贬义词蕴含的反衬作用。这

些贬义词在文中感情色彩活用，也表达了我对姥姥的赞美，反衬了姥姥对我的爱。

(3)读词组(顽皮的兔子、温顺的老牛等)，体会没有鲜明感情色彩的词组背后蕴含的情感。这些词组蕴含着浓浓的祖孙情。

(4)读课文最后一段，读懂关联词背后蕴含的情感。关联词不像名词动词一样具有实际的含义，但往往能表达作者丰富而含蓄的情感。

《小学语文新课程标准》在第三学段中明确提出：辨别词语的感情色彩，体会其表达效果。感情色彩指词义中所反映的主体对客观对象的情感倾向、态度、评价等内容。散文是传情的文字。不管是褒义词，还是贬义词，再或者是感情色彩不怎么鲜明的词语，再或者是关联词，都隐藏着作者的情感。它们散落在文本中，但通过外围到核心的提取，串成线，层层推进，全文的语言个性清晰呈现：寻常词语的艺术化，是适应语境的结果，用得恰当，平易的词语也可透出光彩。

语言世界的语境有显性特征。表达者不可能把所有的都写出来，甚至为了某种目的，故意不说不写，省略了，隐藏了。只有把某一语言现象和它所处的语言整体环境结合起来，才能确定这些语言现象的结构和意义。如于局部处驻足不前，局部只能永远是局部，言语的建筑材料仍是一堆没有生命的事物。从整体出发，是外围直达核心教学内容的重要路径。

整体思维是汉民族思维的主要方式。语言为思维的产物，蕴含整体思维的痕迹。基于语境的视角，以整体思维研制小学阅读教学内容，是一个较为有效的策略。要素之间构建了联系，教学内容避免了割裂；实现了具象到抽象，窥一斑知全貌，教学内容更贴近文本核心价值；探寻到内在的逻辑结构，教学内容没有了陷入文本内容泥潭的冗长；从整体出发的言语感知，教学内容更为集中而鲜明。

第五节　批判思维:从对立面思考

提到“批判”,人们自然而然联想到“文革”。“批评、指责、否定、打倒”几乎就成了“批判”的代名词。这是对“批判”一词的误解。“批判”是指对错误的思想、言行或行为做系统的分析,加以否定。“批判”的对象是错误的思想、言行或行为,“批判”的前提是做系统的分析,而不是非理性的,简单站在对立面的粗暴打压。“批判”需要思维的介入,即批判性思维。

批判性思维最早可追溯到两千多年前的古希腊思想家苏格拉底。苏格拉底认为一切知识均从疑难中产生,愈求进步疑难愈多,疑难愈多进步愈大。苏格拉底承认自己本来没有知识,而他又要教授别人知识。所以他教授给人的知识并不是由他灌输给人的,而是人们原来已有的;人们已在心上怀了“胎”,不过自己还不知道。苏格拉底的“助产术”,集中表现在他经常采用的“诘问式”的形式中。他以提问的方式揭露对方学说中的矛盾,动摇对方论证的基础,指明对方的无知,帮助别人产生知识。苏格拉底的批判性思维的实践,被后来众多的学者所传承,这其中就包括记录其思想的柏拉图、亚里士多德以及古希腊智者。他们认为,我们所看到的东西与事情实质之间有很大的区别,只有受过专门思维训练的人才能透过表面看到事情的本质。因此,人们尝试着进行系统的思考,以求得更深的实质。

我们是否具备批判性思维呢?当然有。中国传统文化中就有大量的批判性思维的因子。老子、孔子、墨子等人的著述中充满了积极的辩证色彩与思辨理念,“博学、审问、慎思、明辨”这样的理念,也在特定的角度上切中批判性思维的本质。科学技术的腾飞,也实证了中国人民占据一定的思维高地。但不可否认的是,相比其他国家,因几千年文化的传承,接受与盲从成为大多数人的思维习惯,否定与创造则显得弥足珍贵。习近平总书记提出“精准扶贫”,我认为,思维也需要“精准扶贫”。思维决定行为。贫穷与落后的背后往往包含着思维的落后。思维的贫困是最根本的贫困。思维方式的变革才能真正改变一个人,一个地区,甚至一个国家的生活方式。

一个民族具备什么样的思维,取决于他拥有什么样的教育。教育的最终目的是什么?爱因斯坦说:“在你离开学校后忘记了学到的一切,最后剩下的就是教育。”他认为,教育要把独立思考放在第一位。成功的教育,不在于让学生学到的知识有多少。知识是无穷尽的,特别是在信息爆炸的时代,一个人所学知识再多,也比不过一个互联网。一个人具有独立思考的能力,自主学习的能力,才能不断地获取无穷的,有意义的知识,并产生创造的能力。但是,中国现行的教育大多是技能操练式的课堂,大火强煮式的知识技能训练,形成“刺激”与“反应”之间的联结,而缺少思维的介入。毕竟考试技能在短期内能显成效,结果是显性的,而文火慢炖式的思维能力需长期的训练,结果是隐性的。清华大学前校长顾秉林感慨:“为什么我们的一些研究生在遇到实际问题时,并没有分析和解决问题的能力,关键是缺乏批判性思维能力。”美国杜克国际教育发布的《2012 中国 SAT 年度报告》在分析了中国学生的成绩后,得出了“中国教育缺乏对批判性思维的训练”的结论。《北京青年报》就此发表了“跨学科知识的广度、批判性思维是中国学生缺乏的”评论。语文教学旨在帮助学生找寻文本意义,提高学生的语文素养。意义是内隐的,本质的。意义不仅是指文本自身的,还指学生自我的意义建构。建构的过程,需要学生独立的思考,需要批判性思维的支撑。我们不妨借用苏格拉底提问式的“助产术”,让学生透过言语现象找到言语本质。

一、文字里藏了什么

语文不同于英语。语文学科学习的是母语。语文学习的形式有正式的与非正式的,可发生在课堂内,也可发生在课堂外。对于学生来说,语文学习在不断地真实地发生。因此,学生在语文学习实践中逐渐积累一些语文学习经验,具备一定的信息获取和整合的能力。文章写了什么,从内容角度来讲,是学生一眼看得见的。即使教师不教,学生也能大致把握文章的主要内容。

例如，阅读《天游峰的扫路人》一文，学生能了解作者写了一名特殊的具体的人：天游峰的一位扫路人；能初步了解作者所刻画的扫路人的形象：不怕苦，不怕累，充满自信，豁达开朗。因此，教师在课堂上无须花太大的力气纠缠于课文的内容。否则，教师所教的往往是学生已经会的，课堂的投入与产出将不成正比。教师应做的是引导学生去发现文字里隐藏的内容，即言语内容背后的言语形式。作者在文中用大段笔墨描述了天游峰的险峻，描述了游客登山时的表现；作者依循对扫路人认识的变化，在文章的不同位置两次刻画人物的外貌；作者描写了与扫路人的几次对话，每次对话围绕不同的话题。作者为什么这样写呢？与言语意图紧密相连。天游峰的险峻，游客登山时的气喘吁吁，都从侧面衬托了扫路人的形象；两次外貌描写与对话描写使文章具有推进感，人物的形象是立体的，丰满的。由此，我们会发现，文章就像所有字词句段通力合作的一项工程。“春风又绿江南岸”一句中的“绿”字使用的妥帖，《音乐之都维也纳》（苏教版五年级下册）一文中，段落内结构的层层递进，《宋庆龄故居的樟树》（苏教版四年级下册）作者以树喻人的表达方式等，文章中每个字、每个句子、每个段落以什么样的形式出现，都是为言语意图而服务。这是言语的秘密，需要教师带领学生去发现。

当然，在理想状态中，文章写了什么，学生的确自己能看得见，而文章怎么写，却因隐藏在文字中，不易被发现。但是，许多文章到底在写什么，也巧妙地隐藏在文字的背后，需要我们在探究言语的秘密之后，对作者的言语意图进行深度考量。例如，《天游峰的扫路人》一文，学生通过自己阅读能认识不怕苦不怕累、充满自信、豁达开朗的扫路人形象。但是，当他们探寻作者的言语秘密之后会发现，扫路人外在的品质源于他内心的一种生活态度：热爱生活，对待生活乐观积极。由此，一个人无论生活在什么样的环境，有怎样的生活方式，都能呈现出特有的品质：不怕苦不怕累，自信开朗等。于是，对人物的形象认识不再静止于标签式与概念化，文章与学生的生活经验得以自然联结。

二、你能解释清楚吗

有人认为，批判性思维在语文教学中所表现出来的技能之一，是懂得清晰、具体、符合逻辑和有条理地思考和表达。换言之，认识与理解不仅在头脑中形成，还需要通过语言有理有据地进行解释。我以为，这是符合学生言语理解的内在机制的。说不清，则说明认识与理解的模糊与不确定性。在有条理地解释的过程中，也是学生更为清晰地提炼与梳理的过程。反复地进行解释，持续地围绕观点学习全面阐述，将更好地提高学生的逻辑思辨能力。

《钱学森》这篇课文刻画了一位爱国科学家的形象。这是学生一读就能读懂的。为什么钱学森是一位爱国科学家？钱学森在美国留学时，成为冯·卡门教授最得意的学生和最得力的助手，享受着优厚的待遇，有富裕的生活和优越的工作条件，但是，他一刻也没忘记自己的祖国，他认为自己现在所做的一切，都是在为祖国多做点事而准备；新中国诞生那年的中秋节，有一些留学生劝他不要回一穷二白的祖国，但是他坚定自己回国的决心；美国强烈阻挠他回国，经过五年漫长岁月的斗争，他才终于踏上归国的航程。学生选择其一，用概括性的语言进行解释并不难，但是综合各项原因，有条理地表述却不简单，需要学生有整体的思维，有综合概括的能力。

即便学生能完整地概括钱学森为爱国科学家的原因，但未必真正认同与理解。钱学森是伟大的科学家，但是关于他为中国作出的科学贡献却只字未提，这又是为什么？这是关乎作者写作内容选择的问题。一个人的形象是多侧面的，一篇文章无法涵盖人物的全部特点。本文侧重于刻画人物爱国的形象，科学精神与科学贡献不是主要内容，可选择不写。课文中多处运用了连词，例如"可是、但、然而"，作者为什么选用具有转折作用的连词呢？为什么课文中要写其他的留学生，要写他在美国的优越生活呢？等等。提出判断，必有充足的理由。理由应是全面的，系统的，切忌以偏概全。一个个为什么，当然不是随意的提问，而是选择与作者表达意图相关联的内容，以帮助学生综合地、系统地形成对文章主旨的理解：钱学森是一位爱国科学家。由此，学生再来解释“钱学森为什么是一位爱国科学家”的时候，应该不再满足于对课文语言的概括式解释，而是凭借已内化的个体化的语言进行阐释。当把理由说清的时候，学生的系统的逻辑性思维也得到了发展，据“言”寻到了“义”。

三、表达充分合理吗

作者围绕自己的言语意图，创作了作品；学生通过阅读，借助思考，发现作品背后作者的言语意图。评判是否充分合理，是对文章字词句运用的准确性，对文章材料安排的妥帖性等方面的斟酌，本质上是对文章表达效果的整体考量，是对文章的表达能否有效支撑作者的言语意图的判断。

《谈礼貌》是一篇说理文。作者围绕“礼貌”这一话题谈得是否充分呢？文章一开头引用古训，提出了观点，后列举了三个事例来论证观点，每个事例指向不同的论述要点：要讲礼貌，因为礼到人心暖，无礼讨人嫌；礼貌待人可以在人与人之间架起一座理解的桥梁，减少相互间的矛盾；文雅、和气、宽容的语言，不但沟通了人们的心灵，而且反映出一个人的思想情操和文化修养。最后文章进行总结：“人在社会上生活，总要和别人交往。学会礼貌待人，恰当地使用礼貌语言，就能使人与人之间的关系更加和谐，社会生活更加美好。”全文有论有据，字字紧扣中心，应该来说，这篇说理文的表达应该是比较充分的。

文章的表达是否合理呢？或者把问题更具体一些，例如，文章所举的三个事例恰当吗？答案是肯定的。三个事例发生的情况各不相同，“问路”一事发生于有求于人时，“踩裙”一事发生于有过于人，“理发”一事又发生于别人有过于自己之时。一件事，一个道理，事与理相结合，并且从不同角度切入，使文章的论述具有推进感。且三个故事有古代，有现代，故事的主角有伟人，也有生活中的普通人，这使得论述更具典型作用。同样是事例之后的说理，作者也采用的不同的方式，有引用俗语，有直接论述，还运用了“于是、可见、不但、而且”此类连接词，使作者的论述不仅具有说服力，而且具有变化的丰富感。

一篇好文章的基本特征之一，是整篇文章上下贯通一气，且水到渠成。就如郭沫若笔下的白鹭，多一分则肥，少一分则瘦，一切都是恰到好处。当学生从反思的角度来阅读文章，自然就多一分理性的思考，从而建构“言”与“意”之间的联结。

四、还有与之不同的吗

批判性思维具有开放性的特征。它积极寻求不同的观点，不同的表达方式，甚至是与原观点或方法相对立的认识。因此，在语文教学中，我们可以不断地向学生追问：还有别的理由吗？还有别的解释吗？还可以从其他角度思考吗？还有不同的表达方式吗？让学生结合具体的特定的语境分析、综合、比较与判断，真正形成自己的见解。

《彭德怀和他的大黑骡子》一文的结尾是这样写的：

漫漫征程，再也见不到大黑骡子的身影了。它融进了北上的滚滚铁流，融进了宣传鼓动员的竹板声里：“声无御寒衣，肚内饥。晕倒了爬起来，跟上去，走到宿营地。”

但是，文章还可以有别的结尾吗？例如，“枪声响了。彭德怀向着斜倒下去的大黑骡子，缓缓地摘下军帽……”文章写到这里的时候可以戛然而止。从文学表达的角度比较两个不同的结尾，原文结尾把表达的情感填充得过满，给人画蛇添足之感；后者结尾因情感的戛然而止，创造出让读者意犹未尽的表达效果。但是，我们以作者的表达意图重新比较，就会得出不同的结果：本文是一篇宣传通讯稿，用以弘扬革命的无私奉献精神，鼓舞战士们的革命热情，这是特殊时代下所产生的特殊的作品。宣传革命的价值高于文学创作的价值，因此，作者选用原文的结尾是符合文章表达意图的。再如，介绍埃及的金字塔，有不同于《埃及的金字塔》一文的开头吗？《我和祖父的园子》(苏教版五年级下册)是一篇散文,但也有人认为它是一篇小说,你认为它是散文,还是小说?《青海高原一株柳》一文中,作者借助联想和想象描写了柳树存活与生长的过程,还有其他的方法吗?

比较的结果固然重要,但更重要的是让学生经历比较的过程。比较的对象可以是不同的观点,不同的表达方式,还可以是同一主题,不同作家的,不同文类,不同时代的作品等。学生在接受诘问的过程中,可以学习从对立面思考问题,提高思辨的能力、创造的能力。传统的工业制造,都是“减材制造”,制造的过程,就是材料不断减少的过程。于是,有人大胆地否定传统的制造工艺,反其道而行之,提出“增材制造”,如 3D 打印技术的发明与运用。一般书店都卖热门书籍,而亚马逊书店则反常规运作,偏以卖冷门书籍获得成功。在语文教学中,教师不断追问“还有与之不同的吗”这样的问题,不是为了真正找出一个不一样的答案,而是提供一种思维的路径,让学生更能把握文本的意义及学习的本质。

在语文教学中,教师可借助苏格拉底提问式的“助产术”,帮助学生理解与表达,培养学生追求事实、逻辑、情理与表达相统一的思维技能。同时,教师更应具备批判性思维,理性审视“高耗低效”的语文教学现状,并勇于突破。对学生来说,一个具有批判性思维的教师站在讲台,就是一门活生生的课程。学生耳闻目染,在语文学习中形成合理、公正和创新的思维方式,生长言语的智慧,获得言语生命的成长。

第四章

联结性教学的课堂创造

第一节　连点成线的秘密

语文课不同于数学课。数学课的教学内容相对来说，是集中的，是确定的。但是，语文课并非如此。语文教师经常遭遇“选择”的难题。

作家创作了一篇文章，赋予了它丰富的阅读价值；一篇文章，被选入教材，成为课文，又拥有了多维的教学价值。学生可学，教师需教的内容，成为我们教学的关键点。但是，我们往往能从一篇课文中发现太多的教学关键点，譬如字词句篇、修辞手法、表达方法、听说读写等多方面的知识，且散落在课文的每一个角落。随文而教，就如洒落无数的沙子，奋力去抓，沙子最终都从指缝间溜走。

因此，教师要善于进行教学解读，发现、选择与确定合宜的教学内容。更为重要的是，教师要善于发现散点的教学内容之间的关联，并围绕一个核心进行整合，把一个个“点”连成一根“线”。就如一堆各式的花草，单开一枝固然美丽，但要真正成为令人惊叹的艺术品，则需人们根据对美的理解，进行重组与搭配，使你一眼看到它，就能以一个词或一个句子来描述它。

经过整合的教学板块，具有聚合的特征。不贪多，只求精。就像看电视，在一个小时内切换无数频道，最终看了什么，不会有太多的印象。锁定一两个节目，认真投入，则可以明白告诉自己收获了什么。学生在聚焦的语文学习中，能够学得清晰而透彻，获得语文经验与生活经验，建构语文学习与自身的关联，从而对语文学习产生积极的情感。

《火星——地球的“孪生兄弟”》教学设计及评析

执教：苏州市吴江区盛泽实验小学教育集团　沈玉芬

【教学目标】

(1)归类积累文中词语，了解关于科学的基本常识。

(2)发现课文的故事性,学习科学小品文的阅读方法。

(3)在改写课文结尾中,迁移运用故事性的表达方式。

(4)通过阅读,对科学研究产生浓厚的兴趣。

【教学过程】

板块一:认识概念,归类积累词语

第一组词语:太阳系　地球　火星　彗星　陨石　彗星和陨石风暴

1.出示:太阳系　地球　火星

(1)逐个出示朗读。这是一篇科学小品文,课文中出现了一些关于天文学的专业名词,熟悉它们吗?了解它们吗?

要点:我们很熟悉地球,但未必真正了解,生活中有些人,有些事,就像地球,似乎熟悉,但可能并不真正了解;对于火星更是如此,我们只知道一点,但不太了解,不太熟悉,火星在我们心目中总是带有一股神秘感。

(2)太阳系中有八大行星,地球和火星是其中两颗。按与太阳从近到远的距离,地球排第几?火星呢?地球和火星就像隔壁邻居。

2.出示:彗星　陨石

(1)在太阳系形成的过程中,地球和火星经常会迎来不速之客。第一个不速之客:彗星。了解彗星吗?

要点:彗星的形状很特别,像扫把,俗称"扫把星"。"彗"的意思是扫帚;彗星,是由什么构成?气体,尘埃,大的冰块。

(2)第二个不速之客是陨石。陨石由什么构成?石块,也有一部分水。

3.出示:彗星和陨石风暴

大量的彗星和陨石经常造访各个星球,多得就像下雨,形成"彗星和陨石风暴",他们的造访,会给原来的星球带来巨大的改变。它们给地球和火星带来的改变是什么?

要点:它们给地球和火星带去最初的水。

4.连起来读,这些专业名词让我们认识一些新的事物

第二组词语:潜藏　分离　释放　飘散　落下

(1)这些词都是一类词,发现了吗?都是动词。课文用这几个动词概括了火山爆发时,潜藏在矿物中水的成分形成湖泊和海洋的过程,这是火星上水的第二个来源。谁能用这几个词语说说湖泊和海洋形成的过程。

(2)交流。抓住这几个词,原本一个复杂的过程似乎就变得简单了。

(3)但是,这过程其实一点都不简单,水的成分如何潜藏,你知道吗?矿物如何分离出水,如何释放等,你知道吗?等你读初中,读高中,学了专业的知识,你就能真正读懂了。

第三组词语:推测　推断　研究　证实

(1)这组词也很特别,和科学研究有关。谁了解它们之间的关系?

要点:在科学研究中,当遇到不知道的事情,我们可以依据已经知道的事实进行想象,这个过程就叫推测或推断。这些推测、推断通过科学家进一步的分析研究后被证实,那么,这些推测、推断就成了科学事实。如果无法证实,推测就永远只能是推测,而不能称为科学事实。

(2)齐读。

板块二:发现故事性特征,体会表达方法

(1)三组词语虽然意思不一样,但有共同点,谁能发现?都是一些专业的名词。科学小品文中,往往会出现这样的词语,读上去比较严肃、比较无趣。因为这样的文章要介绍一些科学知识、科学内容,所以要特别讲究科学性。(板书:科学内容)这篇课文也有很多这样专业的名词,但是,整篇文章读上去枯燥吗?无趣吗?作者就像一个亲切的长者,似乎在为我们讲述一个关于火星的人生故事。喜欢读故事吗?故事一般有哪些特征?

要点:故事一般都有一个比较有意思的题目;故事一般都有吸引人的语言;情节比较曲折等。

(2)请你自己读读这个故事,你从哪里读到了故事的特征?默读便于思考,边读,边用笔圈圈画画你的发现。

提示:这篇课文的题目有意思吗?读读题目,再读读课文,再读读题目,你发现了什么?这篇课文中哪些词或者哪些句子吸引你读课文?哪些地方,吸引你越读越想读下去。

(3)学生交流。

要点一:和地球作比。

①"孪生兄弟"是一个非常形象的词语。用这个词来形容火星和地球特别像,但也有不同。火星和地球,像在哪里,不相同之处又在哪里?

②故事的主角虽然是火星,可是整篇课文八个自然段,哪个自然段没有提到地球?一个自然段,其他七个自然段都把地球和火星进行了比较。"这兄弟俩",这样的称呼就在课文中出现了四次。从像与不像,相同与不相同的比较中,我们逐渐认识了火星。

③为什么不与彗星比较,不与陨石比较,不与太阳系比较?地球最像;地球是我们最熟悉的。介绍一个不熟悉的事物,可以拿熟悉的事物进行比较,我们就更容易读懂。

④这篇课文中把火星与地球作比较,把原本复杂的科学内容讲得通俗易懂了。

要点二:用词形象。

①第三自然段中"寂寞、袭击、四处游荡、家常便饭"。

这段话其实讲述了一个科学事实:"最初,火星和地球没有水,没有生命,非常荒凉。它们经常遭到彗星和陨石的撞击。当时,太阳系内有无数大大小小的碎片四处飘荡,彼此碰撞是经常的事情。"火星、地球、彗星、陨石,是没有生命,没有性格的,但是,加上课文中的这些词,就有了性格。有了性格,这些星体就有了形象,原本枯燥的科学内容变得形象,变得生动了。

②第七自然段中"一去不复返,集体大逃亡,裹挟着逃向太空"。

这段话其实也在讲述一个科学事实:水蒸发成气体,气体脱离了火星。但是,这些词语一加,水脱离火星的过程变得好玩了,好玩在哪里?用上这些词语，使得原本所要讲的科学内容就变得形象，生动。

要点三：设置悬念。

①读整篇文章，你觉得读到哪里最让你好奇，让你迫不及待想知道答案？那么，火星上的水是从哪里来的呢？火星上的水原本可能比地球上的还多，为什么没能留住呢？

②讲故事的时候，经常会一边讲，一边问，设置悬念。问的时候还会停顿一会，故意吊胃口。原本无趣的科学内容变得有趣了。

要点四：情节曲折。

①火星上的水有哪些独特的经历？

曾经有水，水从哪里来，来了又是怎样跑掉的，地表上的水跑光了，地表下仍然可能有水，这是火星的独特经历，曲曲折折，作者就像是在向我们讲述火星曲折的人生故事。

②原本单调的科学内容变得丰富了。

(4)总结：什么叫科学小品文？一般把科学内容简单、生动、形象、有趣地表达出来，就像讲故事。所以，很多科学小品文具有故事性。读这样的文章，如果我们去发现其中故事的特征，文章读来就会特别有意思。（板书：故事性）

板块三：改写文章结尾，读写迁移

(1)课文读懂了吗？读科普小品文，还需要一双特别的眼睛，那就是找碴挑刺。科学研究一直在不断地发展、变化、更新，但是课文往往没有随着科学研究的更新而更新，所以，课文中所写到的有些知识不太新，不但不新，而且可能不太准确了。

①阅读《2015年，关于火星的革命性新发现》。

2015年，关于火星的革命性新发现

2015年的夏天，美国宇航局发现火星表面可能存在液态水。火星山丘斜坡上又窄又黑的痕迹，只会在火星温度最高的夏季才出现，春秋冬季节就会消失。出现这种季节性的情况，是因为盐降低了水的凝固点。

2015年9月29日，美国宇航局举行发布会，公布有关火星的这个“重大发现”。“跟着水走就能找到生命”，水是生命的起源。这次发现火星表面可能存在流动水，让科学家充满信心地确定下一个目标，就是要在火星上做进一步的探索，以调查火星上是否有微生物形态的生命。

②比较《2015年，关于火星的革命性新发现》和《火星——地球的“孪生兄弟”》两篇文章的结尾有什么不同。

③改写《2015年，关于火星的革命性新发现》结尾，把两段话改成一段话。

提示：想想，怎么样把这段话中的科学内容写得带有故事性。

(2)火星是否真的有生命呢？人类是否真的能移居到火星呢？有部电影用另一种方式生动形象地介绍科学内容。出示《火星救援》。课后可以找这部电影看一看，再思考：《火星救援》电影中的情节是否真有可能实现呢？

【教者自述】

为孩子构建自己的“太阳系”

即使是一个成人，阅读《火星——地球的“孪生兄弟”》一文，也可能会有些晕眩。至少，我的感觉如此。没有必需的科学知识作为支撑，要读懂这篇文章确实有些困难。毕竟，关于火星，关于地球，关于太阳系，关于它们之间的联系，关于它们的历史演变，都显得如此神秘。但是，学生阅读说明性文章的最终目的，不是为了完全认识火星与地球、完全认识太阳系。兴趣比知识更重要。说明性文章的功能，除传递科学知识，更为重要的是激发学生探究科学的兴趣。它是一把钥匙，帮助学生打开探究之门，构建自己的“太阳系”。

因此，我对这篇课文的教学基于学生的认知起点，设计了三个核心教学板块。

板块一:认识概念,归类积累词语。这些词语如珍珠一般散落在整篇课文中。教师需要有一双慧眼,发现这些词语之间的关联,并建构成以"积累与理解"为核心,具有多重功能的教学内容板块。其一,这些词语都是科学研究中的专业名词,通过归类积累,不增加学生记忆的数量,却增加了记忆的容量。其二,因词语之间构建了关联,原本陌生与无意义的符号,对学生来说就变得鲜活且富有价值。其三,在认识彗星与陨石的构成中,学生了解了火星与地球上水的第一个来源,在概述潜藏在矿物中水的成分形成湖泊和海洋的过程中,学生又了解了火星与地球上水的第二个来源。总之,学生在这一板块的学习中,了解了关于科学的基本常识,为接下来的阅读建立了认知的基础。

板块二:发现故事性特征,体会表达方法。相对于教材中其他科学小品文来说,这篇课文所介绍的科学知识与学生的生活距离较远。照理来说,阅读这篇文章是吃力的。但是,选入教材的科学小品文有特殊的阅读对象,即学生。因此,作者在比较枯燥的科学知识外包裹了"一层糖衣",使得不太令人接受的知识有了可爱的模样,文章就有了可读性。我把这一篇科学小品文的外在糖衣概括为"故事性",就如网络上的高手把"普通流感"与"病毒性感冒"的来龙去脉用故事性的方式一讲,内在的科学知识就显得不再生涩与深奥。

这一板块的教学功能有二。其一,发现文章的表达方法。作者的表达方式是多元的,有夺人眼球的标题,有生动的语言,有悬念的设置,有比较的方法等。把这些个体的、独立的、零散的方法聚合为"故事性",学生才能真正了解特殊的表达方式的特殊意义,获得对科学小品文的文体特征认识:把生涩的科学知识用简单、形象、有趣的方式来呈现。由此,作比较等说明方法就不会成为"贴标签"式的概念认知。其二,学习阅读科学小品文的阅读策略。把科学小品文当作故事来读,能帮助学生发现文本言语内容与言语形式之间的关联,把握文本的意义。当然,并不是每一篇科学小品文都具有

"故事性"。但是,学生只要有一双阅读的慧眼,自然能找到那一个"破壳"的口子,真实的阅读就发生了。

我们也应该认识到,学习比喻这一修辞,认识比喻只是学习的基础,体会比喻表达的妙处,懂得如何运用比喻起到表达效果,才是语文学习的目的。同理,知道"作比较"不是目的,理解如何选择事物作比较,才是语文学习的重要内容。

板块三:改写文章结尾,读写迁移。挑碴找刺,改写文章结尾,实为读写迁移提供了一个任务语境。为读而读,为写而写,脱离于学生学习与生活需要的读与写是静态的,无意义的。但是,教师立足于课堂,将言语问题引入教学,呈现生活化的任务语境,让学生运用言语的策略与方法。如此,学生的言语能力与言语品质才能不断得到提升。

本课的教学设计聚合成三个"焦点",呈现为三个教学板块,把"散点"聚合成"焦点",这考验的是教师对语文教学的理解,文本教学解读的能力,教学活动设计的能力。聚合的方式是多样的,即使是一篇文章,也可以从不同侧面聚合不同的"焦点",即"一文多教"。组块教学,最终改变的是学生的学习方式。学生在学习中,能够逐渐发现与把握知识经验之间的逻辑关系而获得智能的意义,为自己建构认知的"太阳系"。

【原文】

火星——地球的"孪生兄弟"

40 多亿年前,火星与地球逐渐形成了。这兄弟俩长得太像了——同样有南极、北极,同样有高山、峡谷,同样有白云、尘暴和龙卷风,同样是四季分明,甚至连一天的时间都差不多。难怪,人们把地球和火星称为太阳系中的"孪生兄弟",并由此推测,火星也和地球一样有水和生命存在。

科学家研究分析了火星的照片资料,发现火星上有干涸的河床,有的河床宽达几十千米,远胜过今天地球上的亚马孙河。2004 年 3 月以后,人类通过对火星岩石的钻孔分析，进一步证实了火星上曾经有水的推断。那么，火星上的水是从哪里来的呢？

最初，这兄弟俩都没有水，没有生命，不但荒凉寂寞，还经常遭到彗星和陨石突如其来的袭击。当时，太阳系内有无数大大小小的碎片四处游荡，彼此碰撞是家常便饭。

陨石的水分比较少，而彗星本身大多是些大冰块，含有丰富的水。也许是持续了数亿年的彗星和陨石风暴，给兄弟俩送去了最初的水。

与地球一样，火星上的水可能还有另外一种来源，在兄弟俩诞生之初，水的成分就已经潜藏在一些矿物中了。当火山爆发时，这些矿物便分离出水，随着熔岩释放出来。其中大部分以蒸气状态飘散在空中，一部分随后变成雨水落下来，形成了湖泊和海洋。从宇宙飞船拍摄的火星照片看，上面有数以百计的干涸的河床和峡谷，河床上布满了洪水冲刷的痕迹。看着这些照片，我们仿佛可以听到当年火星上洪水的咆哮。

火星的环境与地球相似。地球上的水不但能留下来，而且孕育出了生命；火星上的水原本可能比地球上的还多，为什么没有能留住呢？

火星本身的致命缺陷导致了这个结果。火星比地球小得多，对物体的吸引力也小得多，所以气体脱离火星就不需要太快的速度。在太阳的照射下，火星表面的水蒸发成气体，这些气体很快就取得了足够的热量，达到能够脱离火星的速度而一去不复返。持续不断的火星气体集体大逃亡，使得火星表面的液态水难以长时间存在。这样，虽然彗星和陨石能给火星带来大量的水，但很快被火星气体裹挟着逃向太空了。

水是生命的源泉，看来在火星表面找到生命的希望已十分渺茫。然而，科学家推测，火星地表下面仍然可能有水，只要有适当的温度，就可能孕育出生命来。如果地表下真的有生命，它们是什么模样，是怎样生存的，这仍然是一个谜。

第二节 阶梯推进的艺术

一个故事，如果平铺直叙，不起波澜，看到后来就让人觉得索然无味；如果开头新鲜刺激，而后显平淡，读来也会令人失望。一个好的故事，情节必然是跌宕起伏的。故事的主题，在曲折中不断地向前纵深推进，有推进感，是一个好故事的特征之一。

一节课就如教者在讲述的一个故事。一节课 40 分钟的时间是恒定的，但给学生的心理感觉却是变化的。无味的课，40 分钟让人难熬；有意思的课，40 分钟则一晃而过。什么是有意思的课？我们可以从不同角度去定义。但，课如果能层层推进，让学生不断享受到登山的乐趣，课自然就有意思。一堂课，一般由 3～4 个教学活动组成。活动与活动之间可以并列，可以因果，可以对比等等，但整体形成的效果应该是一致的，即阶梯推进。

《桃花心木》是林清玄的一篇哲理散文。作者层层设疑，借“种树”讲了一个关于“独立自主”的道理：“不只是树，人也一样，在不确定中，我们会养成独立自主的心，不会依赖。在不确定中，我们深化了对环境的感受与情感的认知。在不确定中，我们学会把很少的养分转化为巨大的能量，努力生长。”对学生来说，读懂这个道理并不容易，因为道理阐述的内容和孩子的生活距离太远。如果教师直接正面应对，即使教师逐词逐句地把“独立自主”“对环境的感受与情感的认知”解释得再清楚，学生也无法完全理解“独立自主”的含义。因此，教这篇课文，我们需要运用阶梯推进的艺术，让学生在似乎寻常的听说读写中“恍然大悟”，在识记、理解与表达中达到“内心有所触动”。如此，课也算达到了效果。

《桃花心木》教学设计及评析

执教：苏州市吴江区盛泽实验小学教育集团　沈玉芬

评析：无锡市锡山区教育局　孟晓东

【教学内容】

人教版小学语文六年级下册《桃花心木》

【教学目标】

(1)理解并熟读课文，揭示其育人哲理。

(2)体会课文“层层设疑，寓理于事”的表达方法。

(3)借鉴课文句式，练习表达阅读感受。

【教学过程】

板块一：听写训练，初识哲理

(1)今天我们学习中国台湾作家林清玄的散文，一齐读课题。人们称林清玄的文章是清而不玄，富有哲理，耐人寻味，深受人们喜爱。听老师念一段话，这段话就是林清玄写在《桃花心木》课文里的，请你用心听，仔细听。这段话共有几句？

(2)交流。

评价：这就叫会听！这段话非常特别，每句话都是在不确定中，我们怎么样，排列整齐，是一组排比句。

评析：语文是实践性很强的课程，语文教学一个首要任务就是培养学生语文实践能力。听一段话，能听出几句，怎么听出来的？这是一个非常简单的教学设计，但却是对学生进行扎扎实实语感训练的语文实践活动。通过听，让学生从句子的停顿，从每句话开头的相同捕捉到这段话的结构，掌握这段话的形式特点，使学生的语感由迟钝到灵敏，从而习得言语，积淀语感。

(3)这段话不但句式非常特别，而且富有哲理。富有哲理的话我们应该会写，谁上黑板听写第一句？其他同学拿出笔在自己本子上听写。老师再念这三句话，请你听清楚，记住了，因为只有听得进，才能记得住，默得出。

师巡视点评：坐姿、书写美观及速度，并请第二位、第三位同学上黑板默写。

(4)评价：听得是否准确，写得是否正确。

评析：课堂不是表演，表演的课堂必然是教师变成主角的课堂，课堂上占主角地位的永远是学生，能得到收获的也必然是学生。通过听写这段话，侧重培养的是学生的听记能力。且教师在巡视指导的过程中，从学生的坐姿、书写美观及速度等方面进行点评，并以此作为能上黑板听写的标准，训练的是学生基本的语文能力。体现的是教师实实在在教语文，学生实实在在学语文。

(5)这三句话太重要了，含义太深刻，不但要会默写，更应该铭记在心，请一个同学读读这三句话，看谁能读出自己的理解。

评析：从听，到记，至读，并不是简单地游离于外的语文能力训练，而是把课文中最富含育人哲理的段落以不同的形式融进学生的头脑，刻入学生的内心，并且在熟读中成诵。

(6)总结：看来同学们能把这段话真正读进自己的心里，相信大家都能读到一个词：独立自主。这段话就是告诉我们这样一个道理：在不确定中，要学会独立自主。(板书：独立自主)

评析：独立自主，是整段话的核心词，也是整篇文章的中心。而这段富含育人哲理的话是学生理解全文的难点，但是学生通过自己熟读，对整段话能够进行初步的感悟，当然这种感悟可能还处于欲求而不得的朦胧状态，在这种状态中，教师应敢于告诉，敢于帮学生提炼，真正起到对学生的主导作用。

板块二：从奇怪之处，理解哲理

(1)不确定，指的是没有规则，不固定。对于桃花心木的树苗来说，种树人的哪些行为表现是不确定的？是令人感到奇怪的？自己读读课文，读到让你感到种树人奇怪的语句就把它画下来，再读一读，看谁能用自己的朗读表现种树人的奇怪。

(2)你从哪里感受到种树人的奇怪的，把你找到的句子读一读，让我们一听就能感受到他的奇怪。

点拨：

①你们所找的令人奇怪的表现是看得见的，因为句子里都带有“奇怪、有时、偶尔”等词，明确告诉我们他的行为是奇怪的，可是种树人让人感到奇怪的还有许多地方是看不见的，是需要你用心去读的。谁能发现？

②这些需要用心去发现的地方可能没有直接去写他的表现，而是通过作者的角度去体现的。

要点：种树人浇水的时间、浇水的量都不规律，奇怪！他来我家喝茶的时间不一定，奇怪！树苗莫名其妙枯萎，而他则带树苗补种，未卜先知，奇怪！是懒吧，又好像不懒，是忙吧，又好像不忙，两次猜测，又两次推翻了自己的猜测，实在想不明白，确实奇怪！一连向种树人提了四个问题，是以为他有太多令人奇怪的表现，还是奇怪！

评析：哪里让你感受到种树人的奇怪？这似乎是一个单纯从内容上着眼的问题，是没有多大价值的教学环节，因为学生一读就懂，其实不然。学生通过自己阅读能读到奇怪，但未必能真正读懂奇怪，所以，这一环节教师立足的是学生的学习状态。在学生几乎都能发现种树人浇水的时间、量等不按规律的基础上，教师适时点拨：这些句子中都有表示奇怪的词，如句子中一连用了五个“有时”，侧重让学生关注的是作者如何表现奇怪；再点拨：用心去发现眼睛看不到的奇怪，侧重的是引导学生捕捉言词语句背后的东西，即读懂言外之意。

(3)种树人有那么多令人奇怪的表现，让作者，让我们感到疑惑，怎么会这么奇怪呢？所有的疑问都能在种树人的话语中找到答案。读完之后一定能让你恍然大悟。

①指名读第一段话。其他同学思考：种树人的表现为什么那么奇怪？

要点：是为了让树学会自己扎根，寻找水源，独立自主，成就百年的基业。

②再指名读。提示：注意种树人是笑着对“我”说，读的时候你要记得在你面前似乎有那么一个人，脑袋里满是疑问，而你正在解答他的疑问。

③听了种树人的这段话，我们所有的疑问都能明白了，那为什么下面还有一段话呢？而且还要语重心长地说。再请你读读种树人说的第二段话。是不是重复了呢？

要点：第二段话讲了如果每天给桃花心木浇水，浇一定量的水，那树必然会枯萎，从反面告诉我们他这样做的原因。两段话一正一反解答了我们心中的疑问，让我们印象更加深刻。

④男女生朗读这两段话。

评析：种树人有那么多奇怪之处足以引起学生阅读的兴趣，此时，教师带领学生去读懂种树人的两段话可谓是水到渠成了。如何读懂，第一步，读出种树人所说的话的意思。直接提问：种树人的表现为什么那么奇怪？引导学生以简洁的语言来提炼，这是高年级学生必须具备的概括能力。第二步，以第二段话是否有必要为契点，激发学生阅读第二段的兴趣。为什么能激发学生的兴趣，关键还是从学生的问题出发。教师能看到学生看不见的，提问学生没发现的，且确是有道理的，学生自然能主动地去阅读，去发现。

(4)我们读懂了这两段话，如果每一棵桃花心木的树苗跟人一样有思想，会开口说话，它们会理解吗？不相信。假如你就是这片桃花心木树苗中的一棵，你会理解吗？

现在老师就是这么一大片桃花心木树苗中的一株，而且奄奄一息，等着种树人给我浇水，等了一天，种树人没来，等了三天，种树人还是没来，等了一个星期，他还是没来。我就要枯死了，我心里抱怨，我心里怨恨！而你们就是我的同伴，你们会眼睁睁看着我枯萎吗？愿意劝慰我吗？

点拨:怎么劝慰呢?可以借用种树人说的话,也可以借用这段富有哲理的话。

教师抛出的话题列举:

①兄弟姐妹们哪!还是你们善良,讲情义,哎,你们看看我原本那么娇嫩的脸庞现在已经是面黄肌瘦,那个种树人简直就是没文化,没素质,连种树必须浇水这个道理都不懂,还种什么树呀!你们说是不是呀?

②我太倒霉,遇到了这么一个懒惰的种树人,那些种菜的人都那么勤劳,可他呢?哎,我真是太不幸了!

③没有爱心,有空喝茶也不来给我们浇水,简直就是不负责任。

④我想不通啊,为什么要弄得那么复杂,每天来浇水不就简单了嘛,我就不会弄到现在这奄奄一息的地步,都怪他,为什么不每天来浇水呢?

⑤这样的日子太苦了,太难了,连水都喝不着,我一天都过不下去了。反正我现在已经奄奄一息了,已经没希望了,我就等死吧!

(5)看来桃花心木苗们都能理解种树人的这段话,所以都长得这样生机勃勃,优雅自在。由此,作者由树想到了人,得出了这个道理,不只是树,人也一样。齐读这句话。

评析:如果说前面直接阅读种树人说的两段话是从文字中寻找答案,解决心中的疑问,那么这一情境的设置所进行的说话练习则是抓住学生的情感之线,使学生进行内化的过程。首先,学生内化的是文本的语言,因为要能够劝慰必须学会借用,借用种树人说的话或者全文富含哲理的话,在借用的过程中自然要把文本语言转化为自己的语言。其实,是内化种树之理。只有清晰地懂得其中之理,才能有理有据进行劝慰。

整个第二板块的教学设计承接的是第一板块的教学。在第一板块学生对育人之理的这段话只是朦胧解读的基础上,循着作者奇怪—疑问—恍然大悟这一条心理变化的线索,在具体的语言情境中,在具体的事情发展过程中,把朦胧的解读转为清晰,由作者的感悟转为学生的体会。

板块三：情境创设，领悟写法

(1)情景创设。

在生活中，当我们遇到不确定而感到担忧的时候，你的语文老师可能会拍拍你的肩膀，对你说：

在生活中，当我们遇到不确定而感到不安的时候，你的数学老师可能会微笑着对你说：

在生活中，当我们遇到不确定而感到彷徨的时候，你的英语老师可能会严肃着对你说：

在生活中，当我们遇到不确定而感到徘徊的时候，你的思品老师可能会苦口婆心地对你说：

(2)当有那么多老师反反复复，一而再，再而三地重复这样一个人尽皆知的人生道理，其他什么都不跟你说，你会有什么感觉？

(3)这样重要的道理，这样深刻的人生哲理，如果简单直白地重复了无数次，也会变成令人厌烦的唠叨，可是作者林清玄不就是给我们讲了这样一个“独立自主”的道理吗，你觉得唠叨吗？他是怎么告诉你这个道理的？他又是怎么一步步告诉你这个道理的？请同学快速浏览全文，边读边想：他是怎么告诉你这个道理的？他又是怎么一步步告诉这个道理的？

提示：先怎么写？再怎么写？最后才写什么？

交流归纳。板书(寓理于事　层层设疑)

①寓理于事：文章先写种树人种树，再写种树人的回答，最后才写了这个道理。通过一件事情来写道理，在读这件事情的时候自然得出这个理，这不是唠叨。

②层层设疑：作者是怎么一步步写种树人种树这件事情的呢？

(4)总结：作者先不急着写这个道理，而是设置了一个又一个的疑问，层层设疑，留下悬念，吊足我们的胃口，让我们迫切地想知道种树人这样种树的理由。吊足胃口之后才娓娓道来，真叫千呼万唤始出来！当然不唠叨。

作者借一件事情，讲一个理，这件事情在写的时候一个疑问接着一个疑问，层层设疑，引人入胜，全文语言质朴自然，就如品一杯香茗，清新隽永，让人回味，这就是林清玄散文的特点。

评析："作者斯有路。"高年级学生的阅读不能只停留于感受到一份情，悟到一个理，读到一件事，而更应注重对学生篇章结构的教学。新课标指出："在阅读中揣摩文章的表达顺序，体会作者的思想感情，初步领悟文章基本的表达方法。"第一板块：理是什么？第二板块：读懂道理。第三板块：关注文章如何写出这个理。整个教学就以这样的层次展开，并且在这一环节中以一个情境的设置充分引起学生发现的兴趣，在发现中领会全文的表达方式，领悟作者林清玄的写作特点，体现的是阅读就是为了更好地写作这一教学原理。

板块四：迁移写话，深化理解

(1)林清玄善于用他锐利的眼睛透过平常的事物背后，发现人生哲理。小故事中蕴涵着大智慧。但是对同样的事物，不同的人，可能会有不同的感受与思考。请同学们课后完成一个作业：面对这一个个不确定，我们会有怎样的思考呢？请你课后也能以"在不确定中，我们……"的句式写上一两句话。

(2)相信大家在思考，在写的过程中对独立自主有更深刻的体会。虽然我们现在的生活都在父母的安排中，基本上都是确定的，固定的，但是相信大家今后在人生中遇到那些"不确定"的生活境况时，我们的心中，会有一棵桃花心木，有一颗"独立自主"的心。

评析：苏霍姆林斯基说过，"课堂教学中，直接打动人的心灵，意识和良心是教育艺术的核心。""打动"正是"介入"的结果。课堂教学应该是从学生真实的生活出发的，不能从生活的土壤里连根拔起，为了生动而生动，使教学环节成为课堂上调节气氛的精致的装饰品。作者从生活中悟出的道理，再由学生回到生活，在生活中思考，打动的就是学生的内心，介入的是学生的生命。学生在运用作者的语言结构的表达中,习得语言,真正完成有生命的语言的嫁接,这种习得是深刻的。

【原文】

桃花心木

乡下老家屋旁,有一块非常大的空地,租给人家种桃花心木的树苗。

桃花心木是一种特别的树,树形优美,高大而笔直,从前老家林场种了许多,已长成几丈高的一片树林。所以当我看到桃花心木仅及膝盖的树苗,有点难以相信自己的眼睛。

种桃花心木苗的是一个个子很高的人,他弯腰种树的时候,感觉就像插秧一样。

树苗种下以后,他常来浇水。奇怪的是,他来得并没有规律,有时隔三天,有时隔五天,有时十几天才来一次;浇水的量也不一定,有时浇得多,有时浇得少。

我住在乡下时,天天都会在桃花心木苗旁的小路上散步,种树苗的人偶尔会来家里喝茶。他有时早上来,有时下午来,时间也不一定。

我越来越奇怪。

更奇怪的是,桃花心木苗有时莫名其妙地枯萎了。所以,他来的时候总会带几株树苗来补种。

我起先以为他太懒,有时隔那么久才给树浇水。

但是,懒人怎么知道有几棵树会枯萎呢?

后来我以为他太忙,才会做什么事都不按规律。但是,忙人怎么可能做事那么从从容容?

我忍不住问他:到底应该什么时间来?多久浇一次水?桃花心木为什么无缘无故会枯萎?如果你每天来浇水,桃花心木苗该不会枯萎吧?

种树的人笑了,他说:“种树不是种菜或种稻子,种树是百年的基业,不像青菜几个星期就可以收成。所以，树木自己要学会在土地里找水源。我浇水只是模仿老天下雨，老天下雨是算不准的，它几天下一次？上午或下午？一次下多少？如果无法在这种不确定中汲水生长，树苗自然就枯萎了。但是，在不确定中找到水源、拼命扎根的树，长成百年的大树就不成问题了。”

种树人语重心长地说：“如果我每天都来浇水，每天定时浇一定的量，树苗就会养成依赖的心，根就会浮在地表上，无法深入地下，一旦我停止浇水，树苗会枯萎得更多。幸而存活的树苗，遇到狂风暴雨，也会一吹就倒。”

种树人的一番话，使我非常感动。不只是树，人也是一样，在不确定中生活的人，能比较经得起生活的考验，会锻炼出一颗独立自主的心。在不确定中，就能学会把很少的养分转化为巨大的能量，努力生长。

现在，窗前的桃花心木苗已经长得与屋顶一般高，是那么优雅自在，显示出勃勃生机。

种树的人不再来了，桃花心木也不会枯萎了。

第三节　文如其人的追溯

文如其人。的确，言为心声，人藏在文字的背后。读文，即读人。读鲁迅的杂文，我们眼前仿佛就能出现一位革命的斗士；读徐志摩的诗，则闪现出一位多情才子的形象。同一时代的李白和杜甫，即便写同一题材的诗文，两人也因境遇不同，性格不同，处事方式不同，文字风格也截然不相同。所以说，阅读文学作品，无视作品背后的作者，你就不算真正读懂作品。

不同的文学作品有不同的作者，但相同的，则是作者都是有情之人。季羡林先生就是这样一个人。季羡林先生曾说：“我这一生，同别人差不多，阳关大道，独木小桥，都走过跨过。坎坎坷坷，弯弯曲曲，一路走了过来。我的文笔是拙劣的,我的技巧是低下的。但是,我扪心自问,我的感情是真实的,我的态度是严肃的,这一点决不含糊。”经历人生波折的季羡林先生对待人生真挚与严肃,却淡然与从容。《夹竹桃》一文,便是他为人处世的映射。

教师也要做一个有情之人。情,指真情,教师认真揣摩作者的一字一句一标点,用心体察作者丰富而真挚的情感,发现言语形式与言语内容之间的紧密相连,文与人便自然融为一体。情,指情趣,教师应不端师者的架子,倾下身子,善于在“寻常处”打开一个窗口,为学生制造一个个意外的惊喜。于是,学习的过程也就变得有情,有趣。

《夹竹桃》教学实录及点评

执教:苏州市吴江区盛泽实验小学教育集团　沈玉芬
评析:苏州市吴江区盛泽实验小学教育集团　薛法根

【教学实录】

板块一:在“寻常处”问道

师:作者围绕夹竹桃写了哪些内容?

生:作者写了花色艳、花期长、花香浓和花影妙。

师:我们发现这些内容好像也没什么特别的,一般人也会这么写,对吧?

生:(纷纷点头)

师:如果真的没有什么特别的,他还是季羡林吗?

生:(大笑)

师:所以,我们还是不能自以为是。看看他是怎么写“花期”的吧?

生:(朗读第四自然段)

师:当你读到“悄悄地一声不响”的时候,“地”后面停顿了一下,怎么回事?

生:感觉这两个词写在一起怪怪的。(众笑)

师:你们觉得怪吗?这两个词语意思一样吗?

生：差不多。

师：“差不多”就是有“差异”，在哪里？

生：“悄悄地”表示无声无息，“一声不响”表示不出声。

师：前者侧重在“形”，后者侧重在“声”，作者从两个不同的角度来写夹竹桃的“不惹人注意”，把意思相近的两个词放一块了，这是不是有些重复呢？老师先把“悄悄地”这个词删掉，读上去有什么感觉？

生：有点不通，读上去别扭。

师：“一声不响”的人你喜欢吗？

生1：这样的人不太合群，我不喜欢。

生2：整天一声不响的人比较乏味，没有生气。

师：嗯，有意思！再把“悄悄地”这个词叠加进去，读读看。

生1：不是没有生机，而是没有虚荣心。它不像其他花那样，开花要让大家都知道。

生2：夹竹桃不像外面的花那样争奇斗艳，就是开着自己的花。

师：两个意思相近的词放在一块不是简单的重复，而是含义和情感的叠加。再一起读读这句话。

生：（有感情地齐读）

师：你们特别强调夹竹桃“败了，又开；黄了，又长”。花一般都是先开再败，先长再黄，这是自然规律。可是季羡林先生却反其道而行之，为什么要这么写呢？

生1：这样写是在说明夹竹桃花期长，一朵花败了，就又开出一朵，一直延续着。

生2：败与开，黄与长，是两组反义词，突出了夹竹桃的花期长。而且我从两个“又”中我也能读到夹竹桃具有的韧性。

生3：这说明夹竹桃的生命力是源源不断的，不像其他的花谢了，这个季节就不开了。

师：同样的词语，顺序一颠倒，含义和情感就截然不同。这，就是汉语表达的一个秘密！

生：（齐读语句）

师："一嘟噜"这个词多有味道！什么意思？

生1："一嘟噜"就是一串。

生2：就是一簇一簇。

师：那为何不用"串"或者"簇"？读一读，有什么区别？

生1："一嘟噜"更能体现夹竹桃的活力，而用"一簇"感觉很死板。

生2：用"一簇"我也感觉比较严肃，而用"一嘟噜"感觉非常生动，细致了。

师：一个平平常常的口头用语，只要用得恰到好处，就不寻常了，显得趣味盎然。

生：（齐读语句）

师：两句话都是写"夹竹桃一年三季常开不败"。比较一下，这两句话有什么异同？

生1：我发现两句话都用了双重否定，一句用"无日不迎风吐艳"，另一句用"无不奉陪"，强调花期长。

生2：也强调了夹竹桃的韧性。春天、夏天、秋天，不管遇到什么困难，夹竹桃都挺了下来。无日不迎风吐艳，无所畏惧。

生3：不管经历什么困难，每天都是花落又花开。

生4：我发现夹竹桃的韧性比其他花都强。像迎春花、玉簪花那些花开了就谢了，只开一季，而夹竹桃一直开了三季，谢了也能再开。

师：你看前一句，"在……里""在……里""在……里"，说的是时间的转换；后一句"从……到……""从……到……"，说的是时间的延续。不管季节如何转换，也不管时间如何漫长，夹竹桃始终都在那里开花。这就把"韧性"给具体化了，而且赋予了它人的品质，人格化了！

生：（有感情地齐读）

板块二：从“绝妙处”识人

师：“夹竹桃的妙处还不止于此”，还在哪里？

生：（朗读第五自然段）

师：（插话）一团模糊的东西你喜欢看吗？

生1：不喜欢，看不清楚。

生2：都混在了一起，连模样都分不清了，怎么看啊？

师：看不清楚，也不太好看。往下读。（插话）香气浓在哪儿？

生1：浓在毫不含糊，浓浓烈烈从花枝上袭下来。“浓浓烈烈”说明香气很浓，很烈。

生2：袭，就像是突袭，速度很快的攻击。一下子，香气就向我扑过来了。

生3：我还看到了毫不含糊。说明这种香气不是悠悠的，必须放在鼻子下才能闻到，而是老远就能袭过来，所以说是毫不含糊的。

师：不含糊是直接表达赞美，毫不含糊更是表达对夹竹桃的赞美。再看它的花影，往下读。（插话）“参差”“迷离”懂吗？

生：“参差”就是指高低不齐，“迷离”就是指朦朦胧胧。

师：作者看着一堆花影，幻想这是一幅地图，一幅世界地图，一幅活的世界地图。你会有这样美妙的比喻吗？

生1：我想破了脑袋也写不出来的。因为在我的脑子里，根本就没有什么地图，所以不会想到这是地图。

生2：这个比喻实在有趣极了，特别是这几只爬过的小虫子，居然成了远渡重洋的海轮。我猜想季羡林先生一定坐过这样的海轮。

生3：假如我来想象的话，可能会想到这是一座座山陵，那些小虫就是前去战斗的士兵。（众笑）

生4：假如我来比喻的话，这个影子就像一个怪兽，那几个小虫子是被怪兽吓得奔跑的人。（众笑）

师：你们两个动画片看多了，自然就会有这样的幻想。（众大笑）继续往下读。作者又幻想成什么了？

生1：作者把夹竹桃的影子幻想成水中的荇藻，把夜蛾飞过幻想成能动的游鱼。

生2：幻想成游鱼，这幅画就好像能动了。看来，作者很喜欢钓鱼。（众大笑）

师：不一定去钓鱼，但一定有钓鱼的情趣。

生1：夹竹桃的影子和墨竹有点像，而且风一吹，这幅画就变成活的画了。

生2：我发现作者幻想的都是活的画，而活的都是花影之外的东西带来的，比如小虫子、飞蛾，还有风。没有这些，花影就不美了。

师：失去了一半的美！你们看到花影产生过这么富有情趣的幻想，写下过这么美妙的文字吗？季羡林先生为什么能？

生1：他是一个想象力非常丰富的人。

生2：还是一个观察非常细致的人。

生3：我觉得他是一位非常热爱大自然的人。因为他看到花的影子就幻想成有非洲、有亚洲的地图，看到几只飞虫，就幻想成海轮。说不定他还在幻想乘上海轮去周游世界。

生4：我觉得老先生是个对生活有着非常美妙幻想的人。

师：而且幻想中的事物都是美好的。

生1：我觉得他是个善于观察的人，善于观察才能写出那么多美的文字。

生2：我觉得季羡林先生很乐观，富有想象力，感觉自己还很年轻的样子。

师：那叫富有童心。从这些绝妙的比喻中，我们分明看到了季羡林的内心世界。一个人心里有什么，笔下就会有什么。有的人心里只有电脑游戏，幻想的一定是各种怪兽。（众大笑）生活中不缺少美，而是缺少发现美的眼睛；发现美的眼睛，源自你爱美的心灵！

生1：（有感情地朗读）

板块三：于“闲笔处”得趣

师：这是季羡林先生写的一篇散文。散文真的很散，你看，课文的第三自然段，写了些什么？

生：（自由朗读）

生1：写了他家一年三个季节里，都有哪些花开了。

生2：写他一向喜欢花，所以种了好多好多花。

生3：他把家里的花一种一种都写了出来，显得他家有很多花似的。（众大笑）

生4：我发现这一段跟写夹竹桃没关系。

生5：不对！有关系，没有写夹竹桃是因为夹竹桃一年三季都在开花，要放到后面一个小节里专门写。

师：哦，你发现了段与段之间的联系！这就是一双会发现、会阅读的眼睛！

生：如果不写这一段的话，季羡林先生的生活就显得很单调了。（师插话：怎么说？）你看，这一段写他家有那么多的花，生活一定是像花一样美的；不写了，就剩下夹竹桃了，不就显得生活很单调吗？（掌声）

师：听到了吧？这就是会阅读！

生：这一自然段是为了衬托夹竹桃。如果不写这段的话，夹竹桃的韧性就不能让读者信服。

师：你有两个词说得很好，一个词是衬托，另一个词是信服。我们写一种事物，往往需要通过写其他事物来进行衬托，事物的特点才能体现得更充分。好好地读一读这一段话。

生：（有感情地朗读）

师：这一段看似“闲来之笔”，其实一点都不闲，而是紧紧围绕着作者的情感变化在写，为的就是写下面的夹竹桃一年三季开花的“韧性”。你看，这些满院的花，只能盛开一个季节，唯独夹竹桃，三个季节都有它的影子，而且还那么谦虚。这样看似与所写主题无关的段落，阅读的时候要多转个弯，想一想作者的意图，你就能读到更深层的含义了。这样的阅读才有趣味！

师：今天我们学习了季羡林的散文，读到了作者有情有趣的文字。生活中，我们也有自己喜欢的事物，你能像作者一样，也对自己喜欢的事物进行幻想，描绘一幅幻想之图吗？

生：（有点为难）

师：怎么啦？

生1：因为我们没有丰富的内心。

生2：对事物的感情不够。

师：是啊，我们读散文，就要从作者的文字读到作者的内心，读到作者对事物独特的感情，才能得到美的享受。拥有博大、丰富内心的人是不平常的人，平常的事物在这些不平常人的眼里会具有独特的魅力。

【他人视角】

擦亮阅读“美”的眼睛

季羡林是散文大家，朴实寻常的文字背后往往蕴藏着丰富而真挚的情感，非用心不能体察。学生阅读这样的散文，对文字表面意思的理解并不困难，因此常常自以为读懂了。这样的阅读所得就极其有限，学生缺少的是一双会阅读“美文”的眼睛。教师的责任正在于此，要让学生在“寻常处”看到“不寻常”的风景。最简单的办法便是“无中生有”，在这些“寻常处”提出“不寻常”的问题来：①“悄悄地一声不响”不是先后重复吗？这么一问，再一删比，就把“悄悄地”与“一声不响”的细微差异辨别出来了，就把两个词语叠加后产生的独特意味品咂出来了，就把常用词语的不常用法问出来了。②“败了……开出……黄了……长出”不是违背花开花落的自然秩序吗？这么一问，就把汉语用“语序”表达“语义”的秘密破解了。③同样写“一年三季”，两个语句的写法有什么异同？这么一问，学生才会去细细琢磨语句中含有的双重否定，才会看到前一句重在“时间的转换”，而后一句重在“时间的延续”，语言的微妙之处便显露出来了。可见，教师的“问”犹如在“寻常处”打开了一个窗口，让学生看到了语言的运用之妙，领会到了语言的运用之道。而这样的“问”，更是从“怎么写”的视角，揣摩到了作者所要表达的深层含义和情感：对夹竹桃“韧性”的赞美！没有教师如此犀利的“问”，就难以有学生阅读时的惊喜发现与深刻感悟，很容易就从语言的表面滑过去。“问”就是嵌入文本“寻常处”的楔子，问得深、问得准，那么学生的阅读思维就扎得深、看得准。

散文往往是作者在书写自己的真实情感，是作者自己内心的真实写照。阅读散文，就是对话作者，在作者的情感世界中走一回，积淀自己无法经历的生活和情感。这便是阅读名家散文的价值所在。学生自己阅读，常常只关注作者写了什么，很少从“写了什么”中去洞察作者的内心世界。你看，就是那么一些杂乱无章的夹竹桃的影子，在季羡林的眼中却成了一幅“世界地图”，最妙的是几只爬过的小虫，居然成了海轮。如果他的心中没有世界，脚下没有踏出国门，那么就不会有这样的绝妙比喻。由此可见，池塘、墨竹，那些富有诗情画意的比喻，都是作者心胸和情怀的写照。一句话，文字折射出的就是季羡林的心灵世界。沈玉芬老师的教学，正是着眼于此，从花香到花影，从地图、池塘到墨竹，在这些“绝妙处”见识一位饱学诗书、志趣高雅、情怀高远的老人。读到这样一位老人，学生才会明白，为什么自己想破脑袋也写不出如此清新脱俗的比喻来。如果要学生模仿写话，只能把这一团花影比作假山怪石，或者各种小动物，甚至精灵鬼怪之类，这是由生活阅历和人生情怀的不同所致。由此，学生便悟到了作文与生活、做人的内在联系。从别人的文字中读到别人的心灵世界，也从别人的文字中读到自己的生活世界，便具有了阅读的双重视野。阅读同样的散文，你就能比别人看到的更多。在散文的“绝妙处”，教学绝不能停留在修辞手法、文章写法的分析上，因为知道这些语言知识，并不能提高学生的读写能力。而“知文识人”，让学生看到文字背后的“作者”，还原出作者写作时的种种经历，就可以看到一般人看不到的风景。

散文之“散”，在于文中有一些“闲来之笔”。《夹竹桃》中的第三自然段便是一处“闲笔”，写了一年三季园子里花开花落的热闹景象，作者不厌其烦地罗列了一长串的花名，而对夹竹桃却只字不提。这看似与写夹竹桃无关的“闲笔”，却道出了作者爱花的生活情趣。你想，他家里养了那么多的花花草草，乐此不疲，醉心于花草之间，其人其趣可见一斑。写散文就是写自己的生活情趣，而写自己的生活情趣就是写自己的内心世界。读到此，你才会领悟散文的一个妙处，才会领会散文阅读的一种旨趣。当然，在教学时，我们往往会从写法的角度，去探究一番“衬托”之类的语文知识。其实，三、四自然段之间，一个“然而”就足以看出前后的转折，知道作者所要写的其实是“然而”之后的那个意思。这便是教会学生阅读的技巧，关注段与段之间的关系，尤其是那些“然而、但是”之类的虚词。阅读散文要得其真味，就要有一双审美的眼光，会看到那些“闲笔”与“正笔”之间若即若离的关系，看得到作者情思的飘移与转换。如此，学生的阅读心灵也会变得细腻起来，进入一种潜沉式的阅读境界。因为只有这样的阅读，才会获得审美的愉悦感，而愉悦感才是最恒久的阅读动力。任何功利的阅读，都不会让一个人的阅读成为一种需要和习惯。正因为如此，在那些没有“功利”可言的“闲笔处”，获得少有的阅读雅趣，着实不可或缺。沈玉芬老师的教学着力于此，源于她对阅读的本质理解，对阅读教学的深刻把握。看来，阅读教学教什么，怎么教，与语文教师的文学阅读及文化修养息息相关。说得简单一点，阅读教学教的就是教师自己，有什么样的语文教师，就有什么样的阅读课堂。这么说来，课堂就像散文，有没有情趣，全在于那个人！

（薛法根）

【原文】

夹竹桃

夹竹桃不是名贵的花，也不是最美丽的花，但是对我说来，它却是最值得留念最值得回忆的花。

我们家的大门内也有两盆夹竹桃，一盆红色的，一盆白色的。红色的花朵让我想到火，白色的花朵让我想到雪。火与雪是不相容的，但是这两盆花却融洽地开在一起，宛如火上有雪，或雪上有火。我的心里觉得这景象十分奇妙，十分有趣。

我们家里一向是喜欢花的，虽然没有什么非常名贵的花，但是常见的花却是应有尽有。每年春天，迎春花首先开出黄色的小花，报告春的消息。以后接着来的是桃花、杏花、海棠、榆叶梅、丁香等等，院子里开得花团锦簇。到了夏天，更是满院生辉。凤仙花、石竹花、鸡冠花、五色梅、江西腊等等，五彩缤纷，美不胜收。夜来香的香气熏透了整个夏夜的庭院，是我什么时候也不会忘记的。一到秋天，玉簪花带来凄清的寒意，菊花则在秋风中怒放。一年三季，花开花落，万紫千红。

然而，在一墙之隔的大门内，夹竹桃却在那里悄悄地一声不响，一朵花败了，又开出一朵，一嘟噜花黄了，又长出一嘟噜。在和煦的春风里，在盛夏的暴雨里，在深秋的清冷里，看不出有什么特别茂盛的时候，也看不出有什么特别衰败的时候，无日不迎风吐艳。从春天一直到秋天，从迎春花一直到玉簪花和菊花，无不奉陪。这一点韧性，同院子里那些花比起来，不是显得非常可贵吗？

但是夹竹桃的妙处还不止于此。我特别喜欢月光下的夹竹桃。你站在它下面，花朵是一团模糊；但是香气却毫不含糊，浓浓烈烈地从花枝上袭了下来。它把影子投到墙上，叶影参差，花影迷离，可以引起我许多幻想。我幻想它是地图，它居然就是地图了。这一堆影子是亚洲，那一堆影子是非洲，中间空白的地方是大海。碰巧有几只小虫子爬过，这就是远渡重洋的海轮。我幻想它是水中的荇藻，我眼前就真的展现出一个小池塘。夜蛾飞过，映在墙上的影子就是游鱼。我幻想它是一幅墨竹，我就真看到一幅画。微风乍起，叶影吹动，这一幅画竟变成活画了。

这样的韧性，又能这样引起我许多的幻想，我爱上了夹竹桃。

第四节　情境迁移的智慧

学习语文，如何越学越聪明？储存丰富的言语材料，学习足够的言语规则，这是必不可少的。但是，无论是言语材料，还是言语规则，如果不被唤醒，它们都只能是处于休眠期的静态知识，而不能直接转化为学生的言语智慧。

薛法根老师提出“言语智能”的概念，他认为，言语智能是指运用语言进行认知与交际的言语心理特征，是一种具体语境中的言语创造力。在言语活动中，对语言具有特别的敏锐感和熟练的驾驭力，应对问题语境具有较高的自我效能感。既能遵循言语规则达到顺畅的表达与交流，又能在特别情况下突破言语规则，创造更富表现力的话语方式和言语形式。

这段话的表述中，“语境”与“创造”两个词语出现的频率最高。的确如此。一个人默会状态的语识需要具体的语境来激活，才能获得言语的创造，从而获得言语智能的生长。如果只识，只记，而不用，学生掌握的只能是纸上谈兵的“屠龙之技”，俗称“书呆子”。就如教孩子使用筷子，如果只是反复告诉他使用筷子的动作要领，而不鼓励他进行尝试，那么孩子永远学不会正确使用筷子。告诉，仅仅是让人知道。告诉他人，去土耳其坐热气球俯瞰外星球一般鬼斧神工的地貌，是何等的浪漫而刺激。如果那个“他人”没有关于土耳其地貌的认知，没有关于浪漫与刺激的经验，“告诉”只是让“他人”获取了一个信息，而不会产生相应的向往。只有把“他人”投掷到土耳其的热气球上，或者投掷到类似于土耳其热气球的地方，使其有了真切的体验，“他人”才有可能产生认识与情感相一致的共鸣。

《晏子劝齐王》是一篇蕴含话语艺术的短文。晏子劝说齐王不求山神、不求雨神时的话语就具有某些内在的言语规则。发现言语规则，这是学习的第一步；在可迁移的具体情境中运用言语规则，则是学习的关键。教师设置的情境可以是虚拟的，也可以是现实的生活，旨在让学生在言语实践活动中，学习运用语言解决问题，获得思想与语言的提升。

情境迁移式的“实战型”教学能让学生越学越聪明。

《晏子劝齐王》教学实录及评析

执教：苏州市吴江区盛泽实验小学教育集团　沈玉芬

评析：扬州大学教科院附属杨庙小学　李吉银

评析：苏州市吴江区盛泽实验小学教育集团　薛法根

【教学实录】

板块一：朗读短语，发现短语之间的关联

师：这些短语会不会读？谁来读？

（出示第一组短语：很久没下一滴雨　河水干了　庄稼枯黄了）

师：老师教你们一个办法，如果掌握了这个办法，就会读得更好。想听吗？

生：想。

师：听老师念第一个短语。（师示范读）老师念的时候哪两个词是重音读？

生：很久、一滴。

师：读好重音，说明你们读懂了这个短语。再来试试。（生朗读，突出了重音：干了、枯黄）

师：谁再来读第二组短语？（出示：井水灌溉 庄稼慢慢变青 百姓不再饿肚子）

生：（朗读）

师：真好！“百姓不再饿肚子”这个短语读得特别好，再读一遍给大家听。哪位小朋友耳朵灵，他读的时候强调了哪个词语？

生：他读的时候强调了“不再”。

师：他读得好，你耳朵灵。百姓以后都不用再饿肚子了。你也来读读这组短语。

师：谁能用第一组短语说一句话？

生：齐国很久没下一滴雨，河水干了，庄稼枯黄了。

师：句子前面加了“齐国”，三个短语就联系起来了。因为很久没下一滴雨，所以？（生齐说：河水干了。）因为河水干了，所以？（生齐说：庄稼枯黄了。）因为庄稼枯黄了，所以？（生愣了几秒：百姓要饿肚子了。）

师：短语和短语之间是有联系的。谁再来完整说一遍这个句子？

生：齐国很久没有下一滴雨了，河水干了，田里的庄稼枯黄了，百姓将要饿肚子了。

师：晏子劝说齐王之前，齐国就是这样的。

师：谁能用第二组短语说一句话？

生：有了井水灌溉，齐国的庄稼慢慢变青了，百姓不再饿肚子了。

师：同样的，这组短语之间也是有联系的。因为井水灌溉，所以？（生：庄稼慢慢变青。）因为庄稼慢慢变青，所以？（生：百姓不再饿肚子了。）咦？为什么能有井水灌溉呢？（生：百姓们在齐国挖了许多水井。）

师：晏子劝说齐王之后，齐国又是这样的。谁再来说？

师：在晏子劝说齐王之后，齐国有了很大的变化。原来，齐国很久没下一滴雨，没有水了，后来？

生：百姓们挖了水井，有了井水灌溉，齐国有水了。

师：原来，齐国的庄稼枯黄了，后来？

生：齐国的庄稼慢慢变青了。

师：原来，齐国的百姓就要饿肚子了，后来？

生：百姓再也不饿肚子了。

师："不再饿肚子了"换个方式说？

生：百姓们能吃饱肚子了。

板块二：读懂劝说理由，发现段落之间的联系

师：晏子成功劝说了齐王。他是怎么劝说的？请小朋友们读一读课文第二至第六自然段，思考：晏子劝齐王劝了几次？每次都是怎么说的？把晏子劝说齐王的话画下来。

（生朗读、画线）

师：劝了几次？（有学生说三次，有学生说两次）

师：谁来读晏子第一次劝说齐王的话。（生读，师出示语段，统计画对的学生数）

师：数数，这段话有几句话？（生齐说：三句。）

师：谁来读第一句话？

师："……有什么用呢？"这样的话，在我们生活里经常用。比如：有位小朋友叫小明。马上就要上课了，可是小明没带铅笔盒，他急得直跺脚。如果你是他的同学，你会对他说什么？

生：我借给你笔。

生：你跺脚有什么用呢？

师：跺脚有用吗？

生：跺脚没有用。

师："……有什么用呢？"这样的句子，意思一般都表示没有用。"求山神有什么用呢？"意思是？

生：求山神是没有用的。（师板书：求山神没有用）

师：晏子只告诉齐王求山神没有用，齐王会听吗？

生：齐王不可能会听。除非晏子讲得很有道理，齐干才可能会听。

师：劝说，必须以理服人，要说清原因，讲出道理，这样才能让人接受自己的意见。（板书：说原因）下面两句话就是讲原因的。请你们读一读，想一想，原因是什么？

（生交流，把下面两句话读了一遍）

师：原因是什么，谁能用自己的话来说？

生：山神其实也想下雨，但是，他叫不动老天下雨。（师板书：叫不动）

师：谁来读晏子第二次劝齐王的话？

师：（出示语段）画对句子了吗？画对的举手，如果少画的，赶紧用笔补画下来。

师：晏子告诉齐王什么？

生：晏子告诉齐王求河神也没有用。（师板书：求河神没有用）

师：为什么求河神也没有用呢？晏子也说了理由，理由是什么？

生：河神也想下雨，水里的鱼虾就像是河神的百姓。

生：河神比我们还着急，他也想下雨，但是他还是叫不动老天下雨。

师：对，河神也想下雨，但是也叫不动，所以求河神也没有用。（板书：叫不动）

师：谁来读晏子第三次劝齐王的话？

师：现在告诉老师，晏子总共劝了齐王几次？（生齐说：三次。）赶紧把少画的句子画下来。

师：晏子劝齐王求百姓的话和前两段话有什么不一样？

生：前面两次都是晏子劝齐王“不要求”什么，第三次是晏子劝齐王“求”什么。

师：还有什么不一样？

生：前面两次劝说都讲了原因，可是第三次晏子只说了一句话。

师：晏子只说一句话，齐王就能信吗？也必须讲原因，讲理由。课文把原因藏起来了。藏在哪里呢？就在课文里。谁能发现在哪里？

生：原因藏在挖水井这里了。

师：把话说清楚。

生：课文把原因藏在最后一段里了。

师：谁能帮晏子把话说完整。(出示："求我们的百姓啊！……")

生：求我们的百姓啊！我们可以让百姓挖一些水井，有了井水的灌溉，庄稼就会慢慢变青，百姓就不会饿肚子了。

师：要读懂一个段落，我们可以联系课文的其他段落。

板块三：比较阅读，感受晏子劝说的艺术

师：晏子把理由讲得很清楚，齐王就听从了他的劝告。可是，在生活中，我们在劝说别人的时候也会讲理由，可有时候别人却还是不听。这是为什么呢？话还要说得巧妙。(板书：说巧妙)

晏子第一次、第二次劝说齐王时，有一句相同的话，说得非常巧妙，谁能发现？

生："山上的草木好比是山神的毛发。"和"水里的鱼虾好比是河神的百姓。"这两句话是一样的。

师：一样在哪里？

生：都是"好比……"的句子。

师：这两句话句式一样，说的意思也一样，谁能发现？

生：草木是山神的毛发，草木很重要。

师：你的毛发重要吗？晏子这么一比方，马上就让齐王明白下雨对山神很重要了。

生：鱼虾好比是河神的百姓，鱼虾也很重要。

师：还记得齐王为什么要求雨吗？

生：百姓要饿肚子了，齐王很着急，想向山神和雨神求雨。

师:比方,使你想说的意思让别人听得更明白。晏子这么一比方,齐王就知道了其实山神和河神也是那么想下雨,只不过,他们没有办法叫天下雨,所以,求他们是没有用的。

师:我们来学一学晏子,劝一劝齐王。劝说别人,要让自己的话有分量,说的时候要把最重要的、最关键的词,用重音表现出来。老师先说第一段,请你用心听,老师在说哪些词语的时候加了重音。(师示范读)

师:谁的小耳朵最灵,哪些词老师加了重音?

生:有什么用呢、毛发、这么长、也要、不想、能叫、早就。

师:你们也圈了这些词语吗?请你们自己练习一下。

师:第二段话,先请一个小朋友先学着晏子读一读,我们认真听,看他读的时候有没有突出重音。(生读,学生互评)

板块四:情境对话,积累与运用课文语言

师:《晏子劝齐王》这个故事其实并没有讲完。想继续听故事吗?(生点头)

师:齐王听明白了晏子的话,刚想出去宣布求百姓的决定。谁知道,事情有了变化。原来,齐国的百姓们已经跪在城下,正要请求齐王带着他们去求河神和雨神呢?怎么办呢?齐王一想,我就学晏子劝我的话去劝百姓吧。你们说这办法好吗?(生齐声说:好。)

师:老师来做百姓,你们来做齐王,来劝劝百姓,一起把这故事补充完整,好吗?要做好齐王,就把晏子劝齐王的话多读几遍,最好能记下来,这样你才能劝动百姓。

(生读课文做准备)

师(百姓):齐王,我们国家很久没下一滴雨,庄稼枯死了,我们百姓要饿肚子了。齐王,你就带着我们去求山神吧!

生(齐王):求山神有什么用呢?这么长时间不下雨,山上的草木也要枯死。

师(百姓):有点道理,可是说得还不够清楚。

生(齐王):求山神有什么用呢?山上的草木好比是山神的毛发,这么长时间不下雨,山上的草木也要枯死。山神和我们一样,也很想下雨。山神要是能叫天下雨,大雨早就下了。

师(百姓):求山神不行,那就带我们去求河神吧!据说,河神会保佑我们的。

生(齐王):求河神也是没有用的。水里的鱼虾好比是河神的百姓,天再不下雨,鱼虾就会死光,河神比我们还着急呢!

生(齐王):求河神也没有用啊!水里的鱼虾好比是河神的百姓,天再不下雨,鱼虾就会死光。难道河神不想下雨吗?河神要是能叫天下雨,大雨早就下了。

师(百姓):那怎么办呢?听说花神最善良,要么我们去求花神吧!

生(齐王):求花神也没有用啊!……

师(百姓):对花神来说,什么是最重要的?我们可以做怎样的比方呢?

生(齐王):所有的花朵好比是花神的百姓。

生(齐王):美丽的花瓣好比是花神的衣服。

生(齐王):花儿的花粉好比是花神涂的香粉。

师(百姓):那个齐王,再把劝说的话说完整,让我们打消去求花神的念头。

师(百姓):齐王,山神河神花神都不能求,那我们就等饿死吗?

生(齐王):求我们百姓自己啊!

师(百姓):齐王,你在开玩笑吧?如果我们自己有办法,我们早就救自己了。

生(齐王):我们百姓自己可以挖水井,有了井水的灌溉,田里的庄稼就会慢慢变青,我们就不用饿肚子了。

师(百姓):真的是这样吗?好,那我们齐心协力试一试。

作业设计：

(1)有个小朋友不爱护自己的教室，见到垃圾不捡起来，课桌椅乱了，不整理。如果这个小朋友是你的同学，你该怎么劝他呢？提示：教室好比什么呢？

(2)把故事讲给爸爸妈妈听，和爸爸妈妈讨论：晏子相信世界上有山神河神吗？我们相信吗？

【他人视角】

把根留住：语文教学应然的三个“指向”

——听沈玉芬老师执教《晏子劝齐王》有感

听沈玉芬老师执教《晏子劝齐王》，感到沈老师的教学既简单又丰满，教学板块简单明了，教学内容却丰满充实；既如出水芙蓉又似枝头艳朵，教学没有乱眼的“繁花”，学生的身心却时刻“在场”，充分经历着学的过程；既有板有眼又智慧过人，文本的使用，教学的推进，莫不如此……沈老师的课堂高明又高效，她引领我望断云雾，再回首去审视语文教学的根本所在。

第一，指向“生本”：咬定青山不放松。

罗曼·罗兰说：“一个人只能为别人引路，不能代替他们走路。”语文学习归根结底是学生自己的事，但语文教师应将“以生为本”作为不懈的追求。让学生站在课堂的中央，教学就成功了大半。当下的小语课堂“生本”缺位现象仍旧让人触目惊心，披着伪生本外衣惊艳出场的课堂也屡见不鲜。我以为语文教学中真正的生本至少可以从这两个方面去窥见：身心俱动与思维在场。顾名思义，身心俱动就是学生在学习中身体与心理同期、协同参与，最显著的表征就是情感愉悦。让学生快乐地参与学习的路径很多，但最持久、最有效的方法，是学生能在学习中感受到学习的收获，促生学习的成就动机，而这恰恰也是最不容易做到的，通过情境创设、游戏表演、语言激励等方式就容易得多。其实，情感是否愉悦同学习过程中学生的思维是否在场密切相关，换言之，学生一直有思维深度参与到学习中来，就一定会有丰硕的收获，如此学习自然是愉悦的。所以语文教学要想方设法让学生成为“在场”的人，让学生的思维高速运转起来。

沈老师的课堂教学，无论是朗读短语，发现短语之间的关联，运用短语练习说话；还是读懂劝说的理由，特别是找出第三次劝说隐藏着的理由；抑或让学生角色置换来练习劝说……都需要学生全部身心的积极投入、思维的即时参与，学习由此而变得美妙起来。以生为本，课堂教学从“教过”向“教会”自然滑行。

第二，指向“文本”：千淘万漉见真金。

语文教学从“教课文”走向“教阅读”“教语文”已成为全民共识，即使没有认识到这一点，也可能已经在自觉不自觉地做到了，以此观照当下小语课堂，我们却遗憾地发现这里没有“常规”，围绕着课文内容进行的教学随处可见。究其原因，除了教学评价的指向不正确以外，最主要的可能，便是教师们对文本的解读不充分，抑或是缺少对文本解密的能力。毕竟，教课文内容是最简单的。王晓春老师说：“面对一篇课文，只问‘作者告诉了我们什么’，那是绝对不够的，因为作者不是语文老师，他写文章是不会替我们考虑‘课程内容’的。课文内容不等于课程内容，课程内容需要我们自己来开发。语文老师必须确立自己的主体性，以自己的专业知识体系统率语文教学，以课文为例子，让文本为语文教学服务。”教学的高屋建瓴，最直接的体现便是教者对文本的深度挖掘和灵活运用。

沈老师的教学一开始便抓住晏子之所以劝齐王的原因及故事的最终结果，直接把课文的开头、结尾先提取出来，从中提炼出三个短语，让学生用短语说句子，再用上关联词“因为……所以……”帮助学生在说话中发现短语之间的联系。晏子的“劝说”过程是课文的表达重点，怎样让学生感受到晏子劝说的高妙？沈老师引领学生先抓住句式“……有什么用呢?”感受其否定的表达效果，再精准定位“好比”句式，让学生充分感受到晏子劝说语言的魅力。特别是让学生置换角色与老师互动的一番劝说，不仅让学生积累了书本语言，更让学生尝试着运用书本语言，赋予其生命的活力……这些都是基于教师对文本的深度开掘与灵活运用，课堂才变得智慧卓然而又意蕴幽远。

第三，指向“语用”：一枝红杏春满园。

围绕语言运用实施教学，让学生在语言实践中大量积累语言，学会运用语言，这才是在耕种语文教学的自留地。但语言的习得在一篇篇课文乃至一册册语文书中都没有明显的体系表征，“教什么”便见仁见智，什么才是最应该教、最值得教的呢？一篇课文最独有——只属于它，又最普适——在语文能力的应然范围之内的教学内容是什么呢？这就要求即使是指向“语用”的教学，也应该明晰核心教学价值，让“语用”的训练落到实处。正如蒙台梭利所说：“我看到了，我忘记了；我听到了，我记住了；我做过了，我理解了。”“做”是至关重要的，否则，语用教学仍然可能事倍功半。

《晏子劝齐王》这篇课文，题眼应该是“劝”，再读课文，果然如是。沈老师敏锐地抓住“劝”进行教学，第一步，围绕劝的过程，找到三次劝。第二步，抓住晏子劝的语言，先通过设疑引导学生感知“劝说，必须以理服人，要说清原因”，即“说原因”；再从生活问题出发，引导学生关注晏子劝说语言的巧妙，即劝说也要能“说巧妙”。第三步，通过教师的示范劝说，让学生明白，劝说也要运用轻重音等表达技巧把最关键信息准确地传递给劝说对象，劝说才能成功。第四步，学生扮齐王来劝说“百姓”，劝说过程中还创设“求花神”的情境，促进学生语言的内化、转化与积累。

语文教学无论是大旗猎猎地冲锋陷阵，还是寂静无声地幽幽孕育，教师都需要“把根留住”，从语文学习的应然出发点起步，在到达语文学习自由之境的道路上步步为营，则语文教学幸甚。

（李吉银）

“教”学生“用”语言

什么是“语文”？有的说是语言文字，有的说是语言文章，有的说是语言文学，还有的说是语言文化，其实质是“语言”；叶圣陶先生说，口说为语，书面为文，合为语文，其实质是“运用语言”。简而言之，语文是“运用语言”的学科，而不是“研究语言”的学科；语文教学培养的是运用语言说话与写话的人，而不是专门谈论语言的人。由此可见，语文教学的根本目的是“教”学生“用”语言。且看沈玉芬老师执教《晏子劝齐王》一课的四个内容板块：第一板块的词串朗读，重在积累语言。朗读中的“重音”落点指导，实质上是教学生分辨词语中的“语意重音”。两组词语构成故事的起因与结果，熟读成诵以及连词成句，都是一种语言运用活动；第二板块旨在借助朗读把握故事内容及叙述层次；第三板块聚焦“比喻”与“重音”，领悟劝说的方法与技巧，这是语言运用的交际知识；第四板块的情境对话，是运用劝说方法的模拟性实践，意在提高学生的劝说能力；课后的练习设计，旨在迁移劝说能力解决生活问题。考察四个板块的教学内容，无疑都指向一个核心目标：运用语言，教的是语文本体性的学科内容。因此，这是一堂“语文学”意义上的语文课，而不是“语言学”“文章学”或者“文化学”意义上的什么课。

通俗地说，语文能力就是运用语言进行听说读写的言语能力。言语能力不是靠教师“讲”出来的，而是需要学生在言语实践中“练”出来的。语文教学最关键的是要创设适宜学生的言语活动，让他们感受、领悟、积累、运用，在“学得”与“习得”的双重转化中，生长言语能力。《晏子劝齐王》一课中设计的四个板块活动，有的侧重于语言的积累，有的侧重于语言运用规则的领悟，有的侧重于情境交际实践，板块之间体现了语言运用的层递性，具有教学推进感。可以说，这是相当有效的言语活动链。不过，从低年级学生的言语活动需要来看，除了有效，还要有趣一点，可以让学生的言语活动生动活泼一些。从这个更高的要求来看，这堂课的言语活动是否需要重新审视呢？我们不妨从“劝说”的视角来重构一下。

沈玉芬老师设置的第三个活动板块是“在比较阅读中领悟劝说的艺术”，聚焦于一个比喻句式——“山上的草木好比是山神的毛发”“水里的鱼虾好比是河神的百姓”，以此点拨学生领会“下雨”对山神与河神的重要性，这是一种迂回的、隐喻的、委婉的劝说方法，有别于直接的、显露的、生硬的劝说方法。问题是，这样的比喻劝说，二年级的学生是否可以迁移运用呢？从第四板块的情境对话中，我们看到了学生的运用结果——“所有的花朵好比是花神的百姓；美丽的花瓣好比是花神的衣服；花儿的花粉好比是花神涂的香粉。”三个比喻中，第二句比较恰当，其余两个比喻比较牵强，且难以用来作为劝说齐王的理由。可见，学习劝说的要诀并不一定在“比喻”，而在晏子话语中隐藏的“劝说秘密”。请看晏子的两次劝说——“求山神有什么用呢？山上的草木好比是山神的毛发，这么长时间不下雨，山上的草木也要枯死，难道山神不想下雨吗？山神要是能叫天下雨，大雨早就下了。”“求河神也没有用啊！水里的鱼虾好比是河神的百姓，天再不下雨，鱼虾就会死光，河神比我们还着急呢。”

其一，晏子的两次劝说，都用了“顺水推舟”的方法，站在齐王的角度来说话。你说求山神，那就求山神，问题是山神也没有办法让天下雨。你看，劝说的第一条要诀是“要站在对方的角度”，这样才能获得对方的信任，你劝说的话才能让对方听得进去。试想，假如晏子说“世上哪有什么山神？都是骗人的鬼话……”，结果可想而知。

其二，晏子的劝说背后，准备了一个可以替代的解决办法，那就是求百姓。这就是劝说的第二条要诀“要有替代方案”，这样才能通过劝说，改变对方的观点与做法。试想，假如晏子说“我也不知道求谁”，结果可想而知。

其三，晏子的两次劝说，意思一样，但是话语的形式不一样。第一次用了两个反问句，否定的语气比较强烈；第二次用的是感叹句，语气比较缓和。因为晏子的身份是臣子，对君王应有礼节。假如他第二次仍然用第一次的话语形式，就给人咄咄逼人的感觉，与晏子的身份不相称。劝说的第三条要诀“要说适合自己身份的话”，更要注意的是“同样的意思不重复说”，要变换话语的形式，让对方不觉得重复啰唆。

如果从“劝说”的交际要诀出发，设计相应的言语交际活动，或许更能体现“运用语言”这个核心目标，二年级学生学习“劝说”更有切实的价值，即运用语言改变别人的观点与做法。如此，这个板块的言语活动是否可以这样设计：

(1)角色体验，领悟“从对方角度”与“有替代方案”。学生演齐王，教师演晏子。教师第一次表演按照课文；第二次表演时打断齐王的第一次问话，直截了当地说：“求什么神都没有用，只有求百姓才有用。”第三次表演，最后无奈地回答：“我也不知道求谁去。”让学生从齐王的角度体验这样劝说的问题所在，从而明了劝说的两个要诀。

(2)变换话语，领悟“说适合角色的话”与“不说重复的话”。学生将晏子的第二次回答改成第一次的话语形式，比较这样劝说有何问题，从而领会劝说的另外两个要诀。

(3)情境劝说，化知为能。教师设置一个模拟的生活情境：一位同学受了别人的欺负，想约几个同学去武力报复。你是他的好朋友，该如何劝说？先进行单项的劝说话语练习，后进行情境表演，教师演那个要报复别人的同学，让学生模拟实战劝说。

当然，在一篇课文中适合学生的言语活动绝不止“劝说”这一个，比如将齐王的“命令”说出来，或者写出来，就是一个间接语言转换成直接语言的活动，可以锻炼学生的直述能力。总之，设计有效、有趣的言语实践活动是语文教师必备的一项专业能力。

（薛法根）

【原文】

晏子劝齐王

齐国已经很久没下一滴(dī)雨了。河水干了,田里的庄稼也枯(kū)黄了。齐王心里很着急,决定向山神求雨。

晏子知道了,就劝齐王说:“求山神有什么用呢?山上的草木好比是山神的毛发,这么长时间不下雨,山上的草木也要枯死,难道山神不想下雨吗?山神要是能叫天下雨,大雨早就下了。”

齐王说:“那么去求河神吧!”

晏子说:“求河神也没有用啊!水里的鱼虾好比是河神的百姓,天再不下雨,鱼虾就会死光,河神比我们还着急呢。”

齐王问:“那我该求谁呢?”

晏子说:“求我们的百姓啊!”

齐王听了晏子的劝告,就下令在全国各地多挖一些水井。有了井水灌溉(guàn gài),齐国的庄稼慢慢变青了,百姓也不再饿肚子了。

第五节　形式功能的破译

汉语是意合型的语言。常用的3000多个汉字,经过不断的组合,就创生了无穷尽的语言。言语形式决定了言语内容,组合的方式改变,言语形式就发生了改变,相应的,言语的内容也会发生变化。一个意思,这样讲,而非那样讲,言语的效果会迥然不同。比如,同样表达请别人代为转告的意思,可以这样说:“劳驾您帮我转告一下。”这是客气;也可以这样说:“帮我转告一下。”这是随便;还可以这样说:“请帮我转告一下,好吗?”这是商量。

不同的言语形式具有不同的表达功能。“每一个舞姿都充满了力量。每一个舞姿都呼呼作响。每一个舞姿都是光和影的匆匆变幻。每一个舞姿都使人颤栗在浓烈的艺术享受中，使人叹为观止。”作者以“每一个舞姿都……”的句式，表达对安塞腰鼓舞姿的热情赞美。“这是一株柳，一株在平原在水边极其平常的柳树。这是一株神奇的柳树，神奇到令我望而生畏的柳树，它伫立在青海高原上。”“这是一株生长在青海高原的柳树。”一个简单的意思，作者却用了两句话来说，凸显了这棵柳树的与众不同，表达了作者对这一株神奇柳树的敬畏之情。

《鹬蚌相争》(苏教版三年级下册)是一篇寓言故事。故事借助“鹬”和“蚌”的争论进行推进。由此可见，“鹬”和“蚌”的话语具有言语的力量，在争论的过程中起到相互威胁的作用。如果我们能将“今天不……明天不……就会……”运用于生活，则能起到劝告的言语效果。破译言语形式的功能，可以为教师的阅读教学寻找到契合的教学内容。

《鹬蚌相争》教学实录与评析

执教：苏州市吴江区盛泽实验小学教育集团　沈玉芬

评析：苏州市吴江区盛泽实验小学教育集团　薛法根

【教学实录】

板块一：识记“鹬”字

师：今天这堂课我们先看一个字，谁会念？(出示：鹬)

生：yù。

师：这是一个形声字，去掉右边的“鸟”字旁，(出示“矞”字)念什么？会听的同学肯定会念。

生：yù。

师：你怎么知道它也念yù？

生：因为老师说鹬是个形声字。所以，这个字也念yù。

师：真了不起，这位同学能利用形声字的特点来识字。去掉右边的形旁，剩下的就是声旁。

生：（齐读）

师："矞"的本义是"矛穿过物体"。去掉"矛"字头，（出示"冏"字）这个字又念什么？（生很兴奋地喊 jiǒng）

师：你们怎么知道它念 jiǒng？

生：看过的一部电影《泰囧》里就有这个字。

师：留心处处皆语文，看电影也能识汉字。这个字不常用，在现代往往写成这个字：囧。（出示：囧）近两年，有两部非常流行的电影名称里都有这个字，一部是《人在囧途》，一部是《泰囧》。（出示两部电影的图片）

生：（齐读）

师：（投影转为空白）现在最初的"鹬"字还记得吗？

生：记得。

师：伸出右手书空，我们来书空。（出示"鹬"的书写动画）先写一个矛，再写一个冏，右边是个鸟字旁。记住了吗？鹬这个字以后很少碰到，今天碰到了，就要记住它。

生：（齐读）

师：不管笔画多么复杂的汉字，只要你们掌握了构造规律，识记就很简单！有意思吗？感兴趣的同学在课后，可运用刚才的拆分法，借助汉典网站，研究自己最感兴趣的汉字。

生：（齐读）

板块二：初读概括

师：（出示课文插图）我们来看图，这就是鹬，（出示：鹬）长嘴，长腿，经常在水边啄食鱼虾。夹住鹬嘴的是谁？

生：蚌。（出示：蚌）这就是蚌。肥美的肉外面包裹着两扇坚硬的外壳。今天我们要学的课文就是《鹬蚌相争》。（出示完整课题）我们一起读课题。

师：请同学们自由地、大声地朗读课文。要求读正确，读流利。（生自由

读课文，师板书课题）

师：同学们专注读书的样子，真好看。鹬蚌相争，鹬和蚌怎么会争起来的呢？（出示第一自然段）谁来念？

生读。

师：一字不错，真是不错。鹬和蚌怎么会争起来的？

生：一只蚌在河滩上晒太阳，可是鹬因为嘴馋想啄蚌的肉。

师：蚌在河滩上晒太阳，是不是争起来的主要原因？

生摇头。

师：主要原因是？想想，再说。

生：河蚌为了保护自己牢牢地夹住鹬的嘴不放。

师：河蚌夹住鹬的嘴不放，是因为鹬怎么做？

生：因为鹬要啄他的肉。

师：连起来说一说。

生：一只鹬要啄河蚌的肉，河蚌夹住鹬的嘴不放。

师：很好，我们一听就明白了。概括的时候要抓住主要内容，不是主要的，可以省略。谁再来说。

生：一只鹬想吃河蚌壳里的肉。

师：鸟吃东西叫什么？

生：啄。

师：鸟吃东西叫啄，动作很用力，很迅速。继续。

生：一只鹬把嘴伸到河蚌的壳里去啄肉，蚌要保护自己，所以牢牢地夹住鹬的嘴不放。

师：说得多有条理！（板书：啄　夹）

师：一个要啄他的肉，一个要夹他的嘴，这就是相争的起因，也是整个故事的起因。（板书：起因）鹬和蚌是怎么争的呢？谁来读课文第二、三自然段。

生读。

师：给她点掌声。她不仅读得正确流利，而且声音有起伏，有变化，真好听。鹬和蚌是怎么相争的？

生：河蚌夹住鹬的嘴不放，鹬威胁他。

师：鹬威胁他什么？

生：鹬威胁蚌，要干死他。

师：了不起，你一下子抓住了最核心、最厉害的地方。最厉害的地方是什么？

生：如果蚌不松开壳，鹬就要干死他。

师：那蚌怎么争呢？

生：我就夹住你的嘴不放。今天拔不出来，明天拔不出来，你也会饿死在这河滩上。

师：这么长的一句话，你能不能也像刚才一样抓住最主要的说。

生：如果我夹住你的嘴不放，你就会饿死在这河滩上。

师：（板书：干死　饿死）一个要干死他，一个要饿死他。这就是相争的经过。（板书：经过）相争的结果是什么？谁来读？（出示最后一个自然段）

生读。

师：结果如何？

生：渔夫看见了，把他们一起捉住了。

师：（板书：一齐被捉住）这就是故事的结果。（板书：结果）这个故事讲了什么，我们一起来看。鹬伸进蚌的壳里去？河蚌牢牢地？鹬威胁河蚌，要？河蚌也威胁鹬，要？最后，鹬和蚌？故事讲了什么，我们可以按照起因、经过、结果的方式来说。可是这个故事很特别，我们可以用两个词一句话来概括这个故事。哪两个词？看老师写。（板书：渔翁得利）渔就是捕鱼的意思，年老的渔夫就是渔翁。哪两个词概括？

生：鹬蚌相争、渔翁得利。

师：哪句话啊？（板书：逗号、句号）

生：鹬蚌相争，渔翁得利。

板块三：体验表达

1. 角色体验

师：鹬和蚌怎么相争的？我们一起来体验一下。这一边同学读鹬的话，那一边同学读蚌的话。我们来比一比，争一争！（出示两个段落）

师（对鹬）：你们现在就是鹬。要想争赢，一定要注意这个词“威胁”，想象一下怎么做、怎么说？（“威胁”一词点红）

师（对蚌）：你们现在就是蚌。要想斗胜，一定要注意这个词“毫不示弱”，想象一下怎么做、怎么说？（“毫不示弱”一词点红）

生：自由练习。

师：同学们练得都很投入，如果加上表情，加上动作，那就更好了。和同桌两人琢磨一下，试一试。

生：（加上表情等）自由练习。

师：老师请一只鹬，一只蚌？鹬谁来演？蚌谁来演？可以推荐一下。（两位同学上讲台）

师：你们俩准备好了吗？下面的鹬和蚌准备好了吗？鹬用尽力气，还是拔不出嘴来，便威胁蚌说？

生（鹬）：你不松开壳儿，就等着瞧吧。今天不下雨，明天不下雨，没有了水，那你就会干死在这河滩上！

师（对鹬）：很厉害，配上动作就更厉害了！

生（鹬）：一手叉腰，一手指蚌，再练。

师：给她点掌声，这样的语气就叫威胁。

师（对蚌）：你怕吗？

生（蚌）：不怕！

师（对蚌）：不怕！那就准备好。河蚌毫不示弱，得意洋洋地说？

生(蚌):我就这样夹住你的嘴不放。今天拔不出来,明天拔不出来,吃不到东西,你也会饿死在这河滩上!(手叉腰)

师(对蚌):你要记得,他威胁你,你也威胁他,他狠,你也狠,他要你死,你也要他死,他怎么对你,你怎么对他,这才叫毫不示弱!再给你一次机会,再试一下。

生(蚌):配上表情动作再读。

师(对鹬):对你的威胁,蚌毫不在意,你怎么办呢?

生(鹬)回答不出。

师(对鹬):一个很简单的办法,干死他!来,干死他!再争!(鹬再争)

师(对蚌):他要干死你,你怎么办?

生(蚌):饿死他!(蚌再斗)

师(对鹬):你要干死他,他要饿死你,这样下去也不是办法,要不,咱们别争了吧?

生(鹬):要争!(鹬再争)

师(对蚌):他不罢休,我们要不要松口?

生(蚌):不松。(蚌再斗)

师(对鹬):他不松口,我们认不认输?

生(鹬):(齐声)不要!

师(对鹬):不认输!再争!所有的鹬一起来,转过身去,对着他们,伸出你们的手指头!生(所有的鹬):今天不下雨,明天不下雨,没有了水,你就会干死在这河滩上!

师(对蚌):他不认输,我们饶不饶他?

生(蚌):齐声不要!

师(对蚌):不饶!再斗!所有的蚌一起来,也转过身去,对着他们!

生(所有的蚌):今天拔不出来,明天拔不出来,吃不到东西,你也会饿死在这河滩上!

师(对鹬):他不饶人,我们认不认错?

生(鹬):(齐声)不认错!(所有的鹬再争)

师(对蚌):他不认错,我们和不和解?

生(蚌):(齐声)不和解(所有的蚌再斗)

师(对鹬):要不要争到底?

生(鹬):(齐声)要!

师(对鹬):可是争了这么长时间,我们早就没精神,没力气了。那该怎么争呢?聪明的同学早就耷拉下脑袋,趴桌上了。来,我们再争!(所有的鹬有气无力、气喘吁吁地争)

师(对蚌):要不要斗到底?

生(蚌):(齐声)要!

师(对蚌):可是我们也早已筋疲力尽了!趴着再斗!(所有的蚌有气无力地斗)

师(对鹬):争不争到底?(所有的鹬有气无力地喊争)

师(对蚌):斗不争斗底?(所有的蚌有气无力地喊斗)

师:就这样争个没完,斗个没了,这样的争斗课文中有一个词,叫什么?

生:相持。

师:这样下去结果是?

生:被渔夫一齐捉住。

师:被渔翁得利了,他们谁赢了吗?他们谁胜了吗?

生:没有。

师:两者相争,却是两败俱伤。聪明的同学都知道这个结果,可是鹬和蚌却自以为是、一意孤行,傻不傻?蠢不蠢?

生:傻、蠢。

师:你看,他们连说的话都一样的傻!(出示两人说话的相同句式)再一起读读这两句话。

生齐读。

2.运用表达

师:聪明的同学,你们能不能写上两句话,告诉他们以后怎样做鹬,怎样做蚌,你们可以这样写。

出示:你这只傻鹬,____________。你这只傻蚌,____________。你们这对傻瓜,__________,今天不__________,明天不__________,你(们)就会__________。

生练写。

师:谁先来教育他们?

生:你这只傻蚌,今天喝不到水,明天喝不到水,你就会干死在这河滩上,被渔翁捉住。你要懂得退一步海阔天空,忍一时风平浪静的道理。还要懂得谦让,不然后果很严重。

师:建议把"懂得谦让"这句话删去,这句话的意思和"退一步海阔天空"的意思是一样的。

生:你们这对傻瓜,今天不松口,明天不松口,你们就会筋疲力尽,两败俱伤。难道你们不知道忍一时风平浪静,退一步海阔天空吗?

师:同样的道理,用反问的语气来说就更好了。继续往下读。

生:你们赶紧停止争吵,和和气气地过日子。

师:中国有句古话——以和为贵。和有时不是认输,而是救自己。

生:你这只傻蚌,今天不知错,明天不知错,你就会干死在这河滩上了。你以后要得饶人处且饶人啊!

师:得理不饶人似乎是高明,得理饶人才是高尚。

师:同学们,这就是我们今天学的课文。这篇课文和我们以前所学的课文有点不一样,它是一个寓言故事。(板书:寓言)寓言往往是通过一个个小故事,告诉我们做人做事的道理。做人要"为善",做事要"求真"。(出示:为善 求真)今天学的这则寓言告诉我们:鹬蚌相争,渔翁得利。两个人彼此当成敌人恶斗，最终两败俱伤，让第三者得了好处。这是教我们怎么做人。课本中还有一则寓言，（出示《揠苗助长》）这个故事告诉我们的是如何做事。下节课继续学习。

【他人视角】

现行的小学语文教学都是以选文为依托，根据选文的思想内容及语言表达形式来进行语文教学实践。组块教学对于选文作出如下的改造：

第一，对选文中蕴藏的教学内容进行合理地重组、整合，形成内容板块。《鹬蚌相争》一课形成三个板块的内容：识字教学板块；朗读并概括故事主要内容的板块；情境体验及寓意表达的板块，叫表达板块。这三个板块都基于文本思想内容和文本表达形式。所以，沈老师构建的板块式的语文教学内容非常清晰。她没有按照以往的线性教学方式，仅仅随着课文逐段逐句进行讲解。

第二，这三个教学板块直接指向学生言语智能的发展。

第一个板块，在“鹬”的识字教学中，教师不但教了这个字的字音、字义、字形，最重要的是抓住了汉字的构造规律，运用了拆分法，让学生进一步明晰了这个汉字的构成。在这个过程中，教师教给了学生运用汉典这种网络学习的方式。这是对汉字进行分析的一种学习方式，促进学生对汉字学习的自觉性，也对汉字的构造规律有了更加深刻的认识。学生在利用拆分法的研究过程中，产生对汉字学习的兴趣。

第二个板块，是教学概括。中年级最主要的能力标志是能够准确概括文本的思想内容。文本的思想内容的提炼是为了发展学生的概括能力。今天沈老师的教学首先从段落中提取最核心的意义：“啄”和“夹”，概括了故事发生的起因，抓住了“干死”和“饿死”提炼出了故事经过的概要，用“一起被捉”概括了故事的结局。最后，用两个词进一步概括这个故事的主体内容：鹬蚌相争，渔翁得利。这一板块教学体现了学生概括的形成过程，准确的概括也体现了对文本寓意的正确理解。这几者之间都是有关联的。“啄”与“夹”的关联,“干死”与“饿死”的关联,“一齐被捉住”与前面内容之间的关联,它们都具有内在的关联性。

第三个板块,是教写话表达。情境体验和写话表达是一脉相承的。情境体验中教师体现了规劝,劝说双方停止争斗。所以,后面所设计的语境体现的是以语用为主线,构建规劝的教学内容。规劝是我们交际中的一种功能。如何来规劝呢?教师借用了文本中独特的语言形式:今天不怎么样,明天不怎么样,你就会怎么样。这个句式表现的是前面连续性行为造成的一个意想不到的可怕后果。这个言语的结构方式能让你推断出你的行为最终产生的后果,以此来达到规劝的目的。这个言语结构藏在文本当中。教师把它提取出来,作为规劝的言语表达的方式,加以合理地运用。于是,学生写出了非常精彩的语句。这些语句都达到了规劝鹬和蚌的作用。这样的语句还能运用到现实生活中,来规劝争斗的人或不听劝告的人。这就达到了言语交际的最终目的:言语实践。

（薛法根）

【原文】

鹬蚌相争

一只河蚌张开壳儿在河滩上晒太阳。有只鹬看见了,猛地把嘴伸到壳儿里去啄肉。河蚌急忙把壳儿合上,牢牢地夹住鹬的嘴不放。鹬用尽力气,还是拔不出嘴来,便威胁蚌说:“你不松开壳儿,记等着瞧吧。今天不下雨,明天不下雨,没有了水,你就会干死在这河滩上!”

河蚌毫不示弱,得意洋洋地说:“我就这样夹住你的嘴不放。今天拔不出来明天拔不出来,吃不到东西,你也会饿死在这河滩上!”

就这样,鹬蚌相持着,谁也不让谁。正当双方筋疲力尽的时候,有个渔夫看见了,不禁喜笑颜开。他没费一点力气,就把他们一起捉住了。

第五章

联结性教学的境界追求

第一节　用语文滋养生命

小学语文是儿童的语文，有别于中学、大学的语文。小学语文教学以人为本之“本”，就是儿童的言语生命。言语是人的存在决定的一种意识，是人的生命特性之一。小学语文教学的核心目标是儿童言语生命的充分发展。言语的生命性是语文教学的本质属性。

关联理论中最佳关联原则表明，话语与意义的关联性生成意义联结。在学习情境中，儿童自觉将新的组块信息与自身记忆中的信息组块建立联结，获得话语的语境意义，实现言语智能的自主建构。成人世界的语文教育方式往往割裂儿童新旧信息组块间的联结，使儿童未能将言语材料的潜在意义转化为实际意义，即获得心理意义。由此，儿童美好的儿童语文世界被打破，言语生命难以得到发展。

语文教学应该焕发儿童的言语生命活力：从重言语技能训练转向重言语动机和人格养育，从重语文能力的培养转向重言语生命的发展，从重文本读写转向重生命表达，发现每个儿童的言语生命潜能、才情和天性、个性，顺应儿童言语智能的自我生长，促进儿童言语生命的最优发展。

一、因文而教：不同的课文教不同的内容

课文是多姿的世界。因文而教，这是解决教什么的问题。王荣生教授指出：“阅读是一种文体思维。指导学生在特定体式的文本里，能从重要的地方看出所传达的意思和意味来。”特定的体式，有特定的阅读方式。不同的课文教不同的内容。阅读教学要借助课文这一例子，破解言语的密码，实现言语的习得，获得言语生命的发展。这是由语文学科的特性决定的。

文体意识，是准确研制教学内容的基点。文体意识清晰，学生通过阅读建立的认知结构自然可辨而稳定。奥苏贝尔很重视认知结构在有意义学习中的作用，认为它是影响学生学习的最重要因素。在新的学习情境中，学生

能自主构建言语材料和自身认知结构的联系，从而实现话语与意义的联结。

《全日制义务教育语文课程标准》对高年级阅读提出了“阅读说明性文章”的要求：“能抓住要点，了解文章的基本说明方法。”由此可见，随着阅读教学研究的深入，文体意识已经逐步清晰，“教什么”的问题似乎已有了答案。但极少有教师上公开课时愿意选择说明性文章，认为太简单，老三件倒腾不出新花样。如果可选择，很多孩子也不乐意阅读说明性文章，认为太枯燥，远不如童话、散文般有滋味。看来，说明性文章并没有因为文体意识的清晰而赢得师生的青睐。造成这一现象的本质原因在哪？笔者结合《埃及的金字塔》一文的教学，对教学内容研制需处理的三个关系加以阐述。

（一）局部与整体：强化文体，而又超越文体

“能抓住要点，了解文章的基本说明方法。”这是新课标对“阅读说明性文章”的要求。一句话，几乎成为葵花宝典。一教师在教学《埃及的金字塔》一文时，把说明方法的教学演绎得淋漓尽致，但课堂却不尽人意，学生在教师高举的手术刀指挥下，有条不紊却又沉闷、无趣。笔者以为，“局部与整体”关系的混淆是其本质原因。

在《小学语文新课程标准》年段目标中除对说明性文章的阅读要求之外，还有这样的表述：“默读有一定的速度，默读一般读物每分钟不少于300字。学习浏览，扩大知识面，根据需要搜集信息。”“能借助词典理解词语的意义。能联系上下文和自己的积累，推想课文中有关词句的意思，辨别词语的感情色彩，体会其表达效果。”……

在《小学语文新课程标准》总目标中，提道：“培植热爱祖国语言文字的情感，增强语文学习的自信心，养成良好的语文学习习惯，初步掌握学习语文的基本方法。”“在发展语言能力的同时，发展思维能力，激发想象力和创造潜能。学习科学的思想方法，逐步养成实事求是、崇尚真知的科学态度。”……

不可否认，阅读教学中，要有清晰的文体意识。但是，强化文体，还需超

越文体。“说明要点、说明方法”的教学内容，是基于“说明性文章”的特殊文体而衍生的教学内容。除这一局部之外，不能忽视处于第三学段的阅读整体目标，不能淡化小学阶段的阅读总体目标。如抛却这些整体，阅读教学就变成单一的训练场，窄化了语文学习的内涵，言语生命的发展也成空谈。由此，《埃及的金字塔》一文的阅读教学内容应是丰富的。可以有对古埃及金字塔向往之情的激发，有热爱祖国语言文字情感的培植，有语文学习习惯的养成、默读能力的训练，有词语表达效果的辨析等。这些教学内容是基于语文整体学习的整体视角研制。当然，这些内容不可能在这一课全部呈现，但教学内容的研制往往需经历提炼与筛选的过程，其结果才能更贴近教学内容。

强化文体，还需超越文体。教学过程中教师不能只在山脚下流连陶醉，而应该站在山头俯瞰全景。俯瞰，会让人把握整体。说明性文体的本质特点只是举例子、作比较、列数字等说明方法吗？当然不是。如果只看到这些零散的方法，那么只欣赏到星空的一角，而不能尽览美丽星空的全景。教师在《埃及的金字塔》教学中，可以借助删比阅读，提出核心问题：课文加了不是直接描写的内容，为什么金字塔宏伟精巧的形象似乎就能清晰展现在我们眼前了呢？学生在自主阅读中去发现作者利用假设、作比较等说明方法，把金字塔和生活进行比照。与生活做比照，可以让介绍的事物变得形象起来。这一特征的提炼，才是真正意义地对说明性文章本质特点的把握。

关注局部，更需有整体的视角，这是一种思维方式。在阅读教学中，如此思维方式的形成，在一定意义上可以使教学摆脱枝末细节的平面与冗长，而更彰显说明性文体教学的本质，获得文体特定的阅读方式。

（二）个性与共性：是这一类，更是这一篇

众所周知，《小学语文新课程标准》对说明性文章的阅读教学提出了明确的教学目标。目标的提出在一定意义上确定了这一学段说明性文章的教学内容。但是，说明性文章的阅读课堂几乎都长着同一张脸，即使有细微的

差别，也只是停留于方法的异曲同工。往往被演绎成千篇一律的共性，这样的共性显得无趣而又无味。

打一比方，如果每篇说明性文章是同一张脸，欣赏了一张脸之后，我们何必还要花时间去打量另一张脸呢？由此可见，每篇说明性文章如树叶一般，没有一篇是相同的。既然每一篇都不相同，我们的阅读教学就需研制这一篇不同于其他篇的教学内容。每一篇都是一个独立的个体，是这一类，更是这独一无二的这一篇。他们具有共性，但也具有个性。

《埃及的金字塔》一文不同于教材中其他篇的特点在哪？从不同角度欣赏，就会发现不同的特点，比如介绍如何建造金字塔的一部分。“据说”一个词，体现了说明性文章模糊中的准确，但这一特征在其他说明性文章中也有。如何让学生发现这一部分的不同呢？一教师设计了以下教学流程：

(1)这么宏伟精巧的金字塔是怎样建造的，现代人没有见过，也没有纪录片曾经记录过，作者是怎样让我们知道金字塔是如何建造的呢？

(2)确实，说明文在无法给出科学解释时，可以引用一些科学的推想。针对某些未解之谜，人们一直在探索研究，一直在科学地推想，因此，除了课文作者引用的，其实还有许多的推想。(出示其他的推想)这些推想很有趣，作者为什么不选择这些推想，而引用了课文中的推想呢？

选择介绍什么，除了使文章更科学，其实还和作者表达的意图有关，本文作者着力体现的是古埃及劳动人民的智慧，表达对古埃及人民的赞颂。说明文在科学的介绍过程中，有时也是表达情感的。如果我们不仅仅满足于“模糊中的准确”这一特征，而是由“科学推想”的选择，就能发现作者的情感。这一文本的个性是学生通过自己的阅读所无法读懂的。

一篇文本与一篇文本的学习，不是个体的不断简单叠加。因为，除具有共性的教学价值外，每篇都有其不可替代的教学内容。如何处理个性与共性这两者之间的关系，需历经这样的过程：深入研读这一文本，从文体视角，发现这一文本的特征；把这一文本和同一体裁的其他文本进行反复的比较，在比较中发现,哪些特征是带有共性的?哪些内容在这之前已经教过?哪些特征是它独一无二的?在不断地揣摩、不断地比较中,区别于其他同一体裁的文本的特点即浮出水面。由此,最具有核心价值的教学内容也能清晰地呈现于学生面前。

(三)中点与终点:看什么地方,看出什么来

有一种观点认为:“从稍微狭窄一点的意义上来说,阅读意味着它是对某一特定文本进行解码和解释的具体而自愿的行为。”这句话不无道理。从中我们可以发现,阅读是对某一种特定体式的理解、解释与感受,是一种文体思维。阅读不同的文体需要不同的阅读能力,阅读能力的形成是语文学习的重点。王荣生教授认为:“阅读能力分为两个方面——阅读取向和阅读方法。阅读方法,简单地说,就是这种体式的文章,应该看什么地方,从这些地方看出什么来。”

说明性文章的教学也是如此。阅读埃及金字塔名字的由来,胡夫金字塔外形的宏伟精巧,感受金字塔建造的科学,再概括文章运用的说明方法、说明顺序等,既有对“课文写了什么”的关注,又有对“课文怎么写”的学习。如此教学内容也应算是完整。但从这些地方,看出什么东西来,并未有清晰的解答。答案的模糊,使得这些教学内容虽然教了,但却只能以点状的形式呈现,静止于沿途的中点,走不到阅读的终点站。

推敲名字,读出趣味:除了金字塔这一名字,它还叫什么?为什么取这个名?是不是全世界人民都称它为金字塔?它还有其他有趣的名字,猜猜由来。

生活比照,读出形象:课文加了不是直接描写的内容,为什么金字塔宏伟精巧的形象似乎就能清晰展现在我们眼前了呢?

科学推想,读出情感:为什么作者选用课文中的科学推想,而不选用其他更有趣的推想?

把握篇章,读出向往:关于古埃及,有太多值得我们去了解的东西,除了课文介绍的，你还想了解什么？为什么课文只介绍了这三个方面的内容，为什么不把你们感兴趣的全部写下来呢？作者为什么要按照这样的顺序写？

这是这一篇说明性文章的教学内容。或许还不能完全成为具有普遍意义的说明性文章阅读方法的代表，但却能让学生从不太招人爱的文章中读出独特的滋味。趣味、形象、情感、向往，从不同的地方，看出了不同的东西。

阅读介绍物的文章，就如认识一个原本不相识的人。得知人的名字，琢磨下名字的含义；看看长什么样，在脑海里留驻他的形象；了解关于他的故事，从这些故事中评价他的性格、他的为人、他待人处事的方式，从而形成对这一人物的态度。这一般的规律的掌握，运用在阅读中，就是阅读方法的学习。

“授之以鱼，不如授之以渔”，话虽然较老套，但是关于如何捕鱼的学习的确比得到几条鱼重要得多。教给学生怎么阅读的方式，培养学生阅读的能力，比教给学生知识也更为重要。学习方法，具备能力，才能更好地领略到终点的风景。

局部与整体，个性与共性，中点与终点，这三对关系的处理，直接决定了说明性文章教学内容的合宜。要注重文体，但是又以整体视角超越文体，丰富教学内容；体现文体一般特点，更要发现这一篇独一无二的核心教学内容；不满足于“教了”，而追求“看什么地方，看出什么来”这一阅读方法的学习。这三个方面在研制不同体裁教学内容时是具有普遍意义的。

二、随境而练：在不同的语境练不同的能力

“能用方程表示简单的数量关系，能解简单的方程。”这是《义务教育数学课程标准》第二学段中提出的关于知识技能的目标。与此相对应，在这一学段教材中必然能轻而易举找到关于方程这一板块的教材内容，而且从教材内容到练习题，可以做到准确无误地对接。

语文则不然。入编选文至语文教材，虽根据学生年段语文学习需要为准则，但任何一个编者都难以实现“各年段识字写字、阅读、作文等目标”与

教材的一一对应。即使一个语文教师高举着诸如“能联系上下文和自己的积累，推想课文中有关词句的意思，辨别词语的感情色彩，体会其表达效果”（高年段）这样的阅读目标，也需费很大心神才能找到一篇课文为例子，去帮助学生达成这一教学目标——很多课文可能不具备关于感情色彩的教学价值。如果随便抓一课文，套进年段教学目标后，强塞给学生，结果肯定适得其反。就如拿楷书的赏析标准去评判行书的优劣，最后得到的结论定是惨不忍睹。

如果说年段目标提供了列车行进方向的话，一个个独特的课文语境则是行进路途中必经的站点。学习什么样的语文知识，培养什么样的语文能力，学到什么程度，教到什么程度，除了以年段目标为前提外，还取决于教材一篇篇选文所提供的语境。随境而练，是语文教学的独特之处。

（一）提取语文知识，由零乱变清晰

为什么许多家长在为自己孩子找家教的时候，往往让孩子以补数理化为主？答案就在于语文是以选文的方式编撰教材，没有形成系列的知识。教材对于语文知识呈现方式不清晰，且选文与选文之间没有必然的因果联系，导致许多教师做了选文的打工仔，教了选文本身，没教知识。孩子少读一两篇选文没多大影响。而数理化学科是以知识序列选编教材的，每个知识点前后具有内在的逻辑关系，缺一不可。因此，在平时的阅读教学中，教师更要善于根据文本提供的语境，提取语文知识，并且可以围绕这一知识点，选择合适的学习材料，组成教学内容板块。

薛法根老师执教《二泉映月》（苏教版五年级下册）片段：

(1)课文中出现了大量四字或五字的词串，读来很有节奏，朗朗上口。最后一个排比句何不改成四字的句子？（出示：我爱音乐，我爱家乡，我爱清泉，我爱月光……）

(2)比较着读一读，这样一改，有什么感觉？——单调了，死板了，平淡了，没有起伏了，不够舒缓了，没有变化了……

(3)乐曲有旋律,语句有韵律。如果将最后一个排比句的韵律用线条描摹一下,应该是这样的(略),比较一下四字的句子,有何不同?

(4)这样的语句才显得——委婉连绵,舒缓而有起伏,恬静而又激荡……乐曲的旋律与语句的韵律是那样一致,那样和谐。

(5)练习朗读最后一个语句,读出那种独有的韵律之美。

王荣生教授认为,"语文知识,可以以一种系统的方法传递的更加真实和规范的知识。""语文知识是概念化的、推理的、依靠理性思考循序渐进地进行的。"概念学习,教师可以用定义的方式向学习者呈现,学生可利用认知结构中原有的有关概念理解新概念。但学生认知结构中缺乏关于"韵律"的概念,难以按照同化的方式学习新概念。因此,学生关于"语句有韵律"的概念只有在学习活动中形成。

在上述教学板块中,包涵了以下几个步骤:把原句浓缩成四字的句子;比较辨析不同;提炼总结;朗读强化。对于"语句有韵律"这一语文知识,薛老师以如此一种系统的方式进行了传递。即围绕一个内容,用切合学生心理需要的方式逐步推进,使得学生自主发现,易于接受,并内化为自己的知识结构,原本可能零乱的、肤浅、朦胧的意识变得清晰明了。

(二)感知语言精微,由混沌变敏锐

什么是语文素养?《语文课程标准》如此表述:"语文课程应培育学生热爱祖国语文的思想感情,指导学生正确地理解和运用祖国语文,丰富语言的积累,培养语感,发展思维,……"语感就是其中一个部分,并居于语文素质的核心,它不能被语文知识的学习所完全代替。但由于语感"只可意会,不可言传",注定它处于被"放养"的状态。纯自然的生活,纯自然的熏陶培养,语感的确能逐渐得到发展,但同时,语感发展的主阵地还是应该放在课堂,还是由教师主导,因为它是可学习的。

薛法根老师执教《二泉映月》片段:

(1)辨析解词。

月光如银：月光好像白银一般，月光美在她的什么？——洁白，皎洁；

月光似水：月光好像泉水一般，月光美在她的什么？——清澈，透亮；

静影沉璧：这两个词之间加上一个字，静影如沉璧，即月亮在水中静静的倒影，好像一个沉在水底的璧玉。月亮美在她的什么？——她的倒影；

月光照水、水波映月：天上有皎洁的明月，地上有清澈的二泉，月与泉，相互辉映，诗情画意，那就叫——二泉映月。

(2)指导感情朗读词串。

如果词语间未能区别，词语与词语极易造成混淆而失去它所内含的意义。当出现新的学习情境时，则由于内含意义的不鲜明，认知结构中不存在“同化新知识的原有的适当观念”(奥苏贝尔语)，使得新的言语信息学习缺少有力的契合点。

一串优美的词语，在薛老师的点拨下，有了明显的区分。形、色相互辉映的月的美，是那样丰富，让人品之不尽。也许没看到这一教学设计，没听这一堂课，许多教师自己都无法言明这组词富有诗情画意的内涵意义，无法言明连用几个相类似的词描绘月光却不显单调乏味之由。这种辨析解词，赏析美景的过程，用“精微”评价一点都不过分。“尽精微，致其大”，在通过对词语的精微理解之后，学生的语感也就能慢慢地得到锤炼。

语感的教学不能始终处于混混沌沌不可言传的感觉状态，教师把它集中于一个板块中，作为“内核”集中教学，学生在辨析的过程，就如品尝美酒的过程，感知了，体验了，学生的语感才会逐渐地丰富、敏锐和深刻。

(三)实践语文能力，由静止到动态

成篇的课文，相当于直观教具。“教具”展现在学生面前，各有各的特点，令人眼花缭乱。它有许多的功能，但作为“教具”，最直接最主要的功能是实现阅读教学的目的，实现不同年段不同的语文能力的培养目标。比如“正确、流利、有感情地朗读课文”这一朗读要求，在不同的年段要求的表述是不一样的：低段是“学习”，中段是“用”，高段是“能用”。所以，在构建“语文能力”为“内核”的内容板块时，要直面“教具”，准确把握年段的语文能力要求，从教材中选择适合学生某项能力训练的语文学习项目。

薛法根老师执教《哪吒闹海》(苏教版三年级上册)片段：

板书：

把一句话说成三句话

夜叉从水底钻出来，只见____________，便大喝一声____________。哪吒转身一看，只见____________，笑着说____________。夜叉____________。

“夜叉从水底钻出来，只见一个娃娃在洗澡，举起斧头便砍。”很简单的一句话，但是经过教师的引导，学生竟然能讲述成这么一段话：

夜叉从水底钻出来，只见一个胖胖的娃娃在洗澡，便大喝一声：“呆，你这个臭娃娃，在龙王地盘上撒野，看我不把你收拾了。”哪吒转身一看，只见怪物盯着他，便笑着说：“哈哈，你想打我还嫩了点。”夜叉一听便火冒三丈，暴跳如雷，举起斧头便向他砍去。

这是课堂真实呈现的效果。这一效果是如何实现的？教师轻轻点拨：只见什么？他便大喝一声，会说什么？哪吒转身一看，只见什么？哪吒对他一点也不怕，笑着说什么？夜叉一听又做什么了？

在课标中，对于学生的能力培养可以归结为：阅读的方法与能力，阅读的理解与体会，阅读的容量与积累，阅读的态度与习惯。讲述应该属于积累这一范畴。如何积累？这就需要能力的训练。而能力的训练是逐层递进的，朗读如此，讲述也这样。对于讲述，中年段阅读目标中是这样提的：能复述叙事性作品的大意，初步感受作品中生动的形象和优美的语言，关心作品中人物的命运和喜怒哀乐，与他人交流自己的阅读感受。围绕这一目标，薛老师将教学内容定位为：培养学生故事讲述的能力，学习把一句话说成三句话。这已不仅仅是讲述的范畴，更不仅仅是积累的范畴，学生在把“一句话说成三句话”的时候，充分体验了文本语言，感受了故事中人物的形象，赋予了自己的态度情感，除了还原故事的大意外，更是对故事的创造性的学习。

这种学习，是一种语文能力的培养，在言语实践活动中，这种能力由原本静止的缄默知识状态转变为动态的外显状态，能达到举一反三的能力发展目标。

（四）体验语文情感，由浅淡变浓烈

学生在学习其他课程的过程中，伴随着情感的体验，这些体验丰富了学习的本身。但是没有一门学科像语文学科一样，可以通过鉴赏文学作品，受到高尚情操的熏陶，发展个性，丰富自己的精神世界。这是语文课程区别于其他课程的特点之一。也就是说，语文课程除了教授知识，发展能力之外，还担负着情感熏陶的职责。“通过优秀诗文，注意通过诗文的声调、节奏等体味作品的内容和情感。”根据新课标对高段古诗文阅读目标，我们可以理解为，语文情感点也可以作为阅读教学中内容板块的内核。

薛法根老师执教《清平乐·村居》（苏教版五年级上册）片段：

师：辛弃疾是不是真的快乐？（出示辛弃疾的介绍）

生：其时辛弃疾内心并不是很快乐。因为金人侵占了他的家乡山东，所以他逃离山东后，非常不开心，总想收复失地。

生：辛弃疾提出抗金的建议，但最后没有被采纳，他还受到主和派的打击，所以他不快乐。

师：作为一个将领，他应该在什么地方？

生：在战场，在战斗的前线保家卫国。

师：辛弃疾的愿望是收复失地，他应该在战场，但是他的愿望没有实现，他在乡下无事可干，就像这首词当中无赖的小儿。小儿无事可干是高兴，但辛弃疾无事可干，不是喜而是忧。

生：而是悲，而是愁。

师：所以他看到的人都是喜的，自己心中却是愁的，喜，是他人之喜，愁，是自己之愁。这时我们来看这个“醉”字，这个“醉”除了是翁媪两人喝点小酒有点微醉以外，还有可能是谁醉？

生：辛弃疾。他因为不能保家卫国而醉，他想借酒消愁。

生：因为他不能上战场去消灭金兵，所以他会喝酒解闷。

师：是的。所以翁媪因喜而醉，词人是因愁而醉，所以这一首词，这个“醉”对词人是悲和愁。辛弃疾的词写得非常美，因何而美？因悲而美。

喜，小儿无所事事而喜，中儿能编织鸡笼干活而喜，大儿因勤劳，锄草高兴，老夫妻能恩恩爱爱过一生而喜，词人因有喜悦之心，才能看喜悦之人，因此，词人也是喜的。此时，全词的基调就一个字——喜，喜得浓烈。

但是，前者的喜，是为了衬托后者的悲。辛弃疾作为一名将领，应该在战场，但是他却无事可干，满怀的志向没法实现，这是悲与愁。这样的情感点由于和前者“喜”的冲突，“悲”就显得尤为强烈，全词的基调也陡然急转。

整首词，语言似乎浅浅淡淡，但却隐藏着词人浓烈的情感。教者根据这首词所提供的语境，设计了以最终情感目标的实现为终点的教学板块。教者所设置的情境，设计的环节都是为这一语文情感点而服务的。语文情感点是这一教学的“内核”。

随境而练，用一句话阐述，即“根据实际的语境确定学与练的内容”。随境而练，避免牵强附会的套用目标，它使得教学沿着目标实现的方向，踩准、踩实每个节点。

三、适性而为：不同的天性有不同的作为

笔者经常感叹于一些公开课的精巧，就如珍贵的艺术品，每一句话，每一个环节，每一个训练，无不精雕细琢，可再精美的艺术品一旦雕琢的痕迹太明显，总缺少一番灵气，一种纯天然的富有生命的魅力，因为这样的课堂往往在一些功利性的驱使下，早已流失了应有的存在价值而变得形同“作秀”，是没有契合学生言语生命需要的教学。

没有契合学生言语生命需要的教学，学生自然缺乏有意义学习的心向。奥苏贝尔认为，“学习者是否具有有意义学习的心向，决定了他所进行的是否有意义学习，是否通过有意义学习使学习材料的潜在意义转化为实际意

义获得心理意义。缺乏有意义学习心向的学生，通常会面对有逻辑意义或潜在意义的材料也不会主动地寻求新旧知识间的联系。”因此，在语文教学中，教师要学会适性而为，面对不同的天性要有不同的行为。

（一）顺应言语生命欲求，培养言语个性

人言语表现的需要——言语生命欲求，是潜伏在人的生命中的最本质、最活跃、最积极的动机之一。语文学科教育一旦被视为知识技能教育，必然会禁锢学生言语生命的自然需求——每一个儿童固有的言语天性。如果代表话语权威的教师从实用和世俗的人生目标出发，教学必然会吞没学生的言语个性。作为教师，必须尽心地呵护学生的言语天性，顺应言语生命的欲求，让每一个学生的言语生命的天性个性都能得到最大的发展。

一教师执教《卖火柴的小女孩》（人教版六年级下册）片段：

师：除夕，对于许多人来说都是快乐的，可对于小女孩来说，这是一个怎样的夜晚？

生：悲惨的夜晚；可怜的夜晚；让人心痛的夜晚……

生：小女孩是可怜，可是在这个夜晚，我觉得她也是幸福的。

师：幸福？这种感觉你是怎么体会出来的？

生：第二天早上，人们发现她小小的尸体时，发现她嘴角带着一丝微笑，说明她是快乐地离去了。

生：我觉得她也是快乐的，因为课文里说她去一个没有寒冷、没有饥饿的天堂了，她肯定是高兴的，再说，那里有最疼爱她的奶奶。

师：天堂，让人向往，可是真有天堂吗？

生：（摇头）没有天堂。

师：那么这个夜晚对她来说还是快乐幸福的吗？

生：不幸福，连死亡对她来说都是一种幸福，她是多么可怜啊！这个幸福背后是悲哀。

生：我还是觉得幸福，因为死对她来说是解脱，何况在死前她还看到了

她做梦都想拥有的香喷喷的烤鹅和暖烘烘的火炉。她已经满足了。

师：这个夜晚对小女孩来说是悲惨也好，是解脱的幸福也好，都代表了小女孩短短的一生的遭遇。

语文教学中，不是要把学生“塑造”成为符合社会的教育观念的统一的“人”，将他们“修理”成能根据世界的指令行动的机器人，甚至为此不惜专断地干预，窒息他们的言语禀赋，以换取毫无灵性的工具化的言语操作能力。语文教学就应该是顺其自然的无痕教学，这个自然，就是内存于人的生命本能中的言语欲求和天赋。

在这个教学过程中，教师并不固守对于女孩来说，这个夜晚是悲惨的这一简单的答案。相反，当学生说到女孩是幸福的时候，教师给予了充足的自由，即使是在引导学生确定没有天堂之后，同样尊重了学生的言语自由：小女孩并不幸福，幸福背后是悲哀；小女孩是幸福的，因为这个夜晚对于她来说就是解脱。幸福与不幸福的争论并没有矛盾，因为两者体现的都是小女孩生活的悲惨。作为教师，在学生的言语个性显露头角的时候，并没有粗暴地修剪和砍伤，而是满足了他们的言语欲求，给予了自由表达这充足的阳光，以求学生的言语之树得以茂盛健全地发展。这样的言语对话是无痕的，让每一个学生的“言语生命”的天性、个性都能得到最大发展，是柳树就长成柳树，是松树就长成松树，而不应该将它们扭曲得面目全非，或修剪成整齐划一的“树篱”。

(二)唤醒言语生命意识，开发言语潜能

语文教育，不应只指向人的生理需要和社会需要，而应指向人的生命本体的人性、人心、人格的养育、顺应人的言语本性、张扬人的言语天性，指向表现、创造、发展的言语人生。所以，语文教育的动力虽然离不开外部环境和物质利益的诱引和激发，但其深层动力应当蕴藏于人“内部”的个体生命之中，它取决于人自身言语生命的觉醒和言语生命意识的觉悟，从而学生的言语潜能得以开发。一旦言语生命的意识被唤起，那么言语的表达就不再是外加的，而是变成了学生生命的需求，言语的潜能就成为从他们鲜活自由的内在生命中生长绽放出来的绚丽花朵，从而学生的言语得到积极主动的发挥和张扬。

一教师执教《特殊的葬礼》(苏教版四年级下册)片段：

师：可是，今日，塞特凯达斯瀑布昔日的雄壮已经一去不复返了，它没有了一泻千里的壮观，没有了震耳欲聋的声音为它助威，今日的塞特凯达斯瀑布是这样的。(播放录像)

生：(表情呆愣，震惊，轻呼)啊？！

师：与前面我们所看到的昔日雄伟壮观的画面相比较，你有什么话想说？

生：感到悲哀、心痛、惋惜、愤慨……

在充分感受昔日塞特凯达斯瀑布的雄伟壮观后，突然急风陡转，今日，塞特凯达斯瀑布昔日的雄壮已经一去不复返了，它没有了一泻千里的壮观，没有了震耳欲聋的声音为它助威，今日的塞特凯达斯瀑布是这样的，随即播放录像。学生在观看录像时，他们的心灵已经受到震撼，昔日的和今日的塞特凯达斯瀑布截然不同的景象已在学生的头脑里形成强烈的刺激与冲突，这种冲突唤起了学生沉睡的言语生命的意识，把与文本的交流当作了内心的一种需要，是"请把昔日与今日的瀑布进行对比，你想说什么"这一简单的问题设计所代替不了的。学生俨然已成为一位位正站在塞特凯达斯瀑布面前向全世界发出呐喊的申讨者。他们已进入文本，与文本产生了共鸣，愤慨、心痛、惋惜、悲哀，所有情感、所有语言的表达都是真挚美丽的，这种出自内心呼喊的声音是自然的，是不带有任何刻意的痕迹的。

(三)扶助言语生命成长，引领言语自我实现

在中国语文教育史上，人们对语文教育本体的认识有一个逐步深化的过程：从为修己、修德、养气，到为事功(立言)、为功名、为文章(实用)、为生活(工具、能力)，再到为人生、为存在(言语人生、诗意人生)。

为人生、为存在就是为了人的符号生命意识和言语生命力的自由自觉的发挥，言语潜能的个性的张扬，良好的言语人格意识与言语创新意识的养成，言语素质的全面和谐发展，以促成人的言语表现上的自我完善、自我实现，使人生因言语创造而有意义，使人更像人。由此，言语表现的自我实现，是言语生命成长的归宿。而言语活动是人的一种精神建构，是人的生命价值的自我实现，是人的确证，往往是超越世俗和实用需求的。所以，语文教学应从当代重言语技能训练转向重言语动机和人格的养育，从语文素养转向重表现，发现并关注每一个个体的言语生命，扶助言语生命成长，引领学生在言语上的自我实现，促成每一个言语生命的最大发展。

一教师执教《做一片美的叶子》(苏教版三年级上册)片段：

师：是啊，我们生活的集体，像班级、学校、家乡、祖国，乃至整个社会，整个地球都可以称得上大树。我们就是这些大树上的一片叶子啊！可是，我们怎么样才算是一片美的叶子呢？请大家在小组内讨论讨论。随即，出示说话练习：____________是一棵大树，我是一片______的叶子，我要____________，让____________。

生1：家庭是一棵大树，我是一片可爱的叶子，我要做爸爸妈妈的小帮手，让我的家永远充满快乐。

生2：班级是一棵大树，我是一片勤劳的叶子，我要把教室打扫得干干净净，让我们班更加优秀文明。

生3：祖国是一棵大树，我是一片自信的叶子，我要努力学习报效祖国，让我们的祖国更加发达。

生4：地球是一棵大树，我是一片平凡的叶子，我要讲究卫生保护环境，让地球永远做美丽的家园。

师：同学们，如果我们把刚才几个同学说的串起来，就是一首诗啊！你们都是小诗人了，现在请你们每人按照提示，写三段话组合成一首小诗。

生摇头晃脑念诗，师点评，并为学生加上结尾：啊，我是一片美的叶子！

《做一片美的叶子》一文对于三年级的学生来说，要真正走进文本是有难度的。因为由叶到人，由景到情是一个很大的跳跃。这时候教师要做的不是简单地告诉，而是通过这一过程的启发引导让学生得到言语的自我实现。我们每个人都是一片叶子，谁是我们生活的大树？我们怎样才算是一片美的叶子？并引导学生以一定的句式进行说话练习，最后落笔成诗。尽管课堂上学生展现的可能并不能算诗，但这样的一个因疑而思，从议到说，又从说到写的教学环节，不仅帮助学生理解了课文，领悟了文中蕴涵的哲理，本课情感、态度、价值观的培养目标就在不知不觉中达成了，还培养了学生想象思维和语言表达的能力，学生在摇头晃脑念诗的过程中体验到的是语言带给自己的快乐，是积极主动地表现自我，实现自我，完善自我的成功体验，学生作为心灵丰盈、思想自由的言语人、精神人，在诗意地创造着，他们的言语生命在不知不觉中浸润成长。

教什么？怎么教？教到什么程度？为什么教？只有以儿童世界的语文教育方式进行阅读教学，才能在一定意义上言语材料与儿童世界自然联结。问题解决的过程即为激活唤醒儿童自身记忆中信息组块，重新构建清晰稳定认知结构的过程。将言语意义纳入儿童生命，才能充实儿童言语生命的发展。

第二节　让学习真实发生

听说读写是语言运用的四种基本方式，也是学生赖以学习和生活的基本方式。听说读写的技能只有在真实的、复杂的情境中加以综合运用，才能转化为语文能力。然而，教师虽能把儿童语文能力的培养作为语文阅读教学的核心，但听说读写各自为政、相互分离的现象并不鲜见；为读而读，为写而写，听说读写与学生的真实生活，与学生的内在学习需要相脱离，更是我们习以为常的教学状态。

语言是思维的工具，是人类交际的工具，是学习其他学科的工具。语文是基础的工具学科，这一论断不容置疑。无视听说读写之间的内在关联，切断听说读写与学生自身学习和生活的关系，语文技能只能终结为技能，语文的学习也失去了本身学科学习的价值。

教学不是单向的传递，学习不是单一的接收。组块教学理论认为，语文组块教学基于组块原理，将零散的教学内容整合，形成促进言语智能发展的组块教学方式，研制以交际功能为主线的板块式课程，引导学生通过自主建构为核心的联结性学习，让学生获得言语智能的充分发展和语文素养的整体提升。其中，自主建构为核心。教师应善于立足课堂，将学生在学习、生活中可能面对的言语问题引入教学，呈现生活化的任务情境，让学生在情境中通过自我建构，发现与把握实战型的言语策略、方法，以获得言语能力和言语品质的提升。由此，学习得以真实地发生。

一、言语问题可来源于学生需要

任务情境的创设，需先围绕核心的言语问题。言语问题从哪里来？课程专家或教师对《语文课程标准》中的能力目标进行深入解读，提炼语文能力的构成要素及发展序列，确定每个学段、每个年级的能力目标所对应的言语问题，是属于“自上而下”的整体建构。这固然是言语问题来源的重要路径，理性而又专业，却不可避免“不接地气”。言语问题还可以有另一种来源，即学生。从学生中来，采取的则是“自下而上”的方式，在逐渐建构中形成言语问题群，虽然感性却最终指向学生学习与生活的内在需求。语文学习对学生的生活与学习一旦具有独特的意义与价值，学生对语文学习自然就产生了积极的情感，有了自我建构的主动意识。

为更熟练地学习。一些孩子在独立完成数学应用题时总表现得束手无策，而教师一旦帮忙读题，他们却又能较为自如地写上答式。为什么呢？因为这些孩子缺乏阅读句段提炼关键词，构建关键词之间关系的能力。他们的学习障碍不在于数学问题本身，而是言语能力有所缺失。一段文字表述对于他们而言，是字与字的无规则堆砌，无法把握字词关联形成的言语意义。因此，来自其他学科学习中的言语问题，主要在于解决学生由“不能”到“能”的能力问题。解决问题的过程，即学会熟练运用阅读与写作能力进行学习的过程。不同学科的学习，需要解决的言语问题各不相同。如何读懂“非连续性文本”中“文”与“图”的内在关联？如何把握概念、定义等语段中关键词及相互间的逻辑关系？如何凭借操作性的图示和描述，理清实验的步骤？如何提取其他教材中文本的核心信息？如何借助数学小论文、科学实验报告、剧本编写等，对其他学科学习的知识有更为清晰而深刻的理解？一个个言语问题的解决，实则为学生各学科熟练学习提供了切实有力的帮助。

为更自如地生活。语言是人类交际的工具。学生在与同伴的交往中，与家人的相处中，在社会生活的参与中，总会遇到各式的言语交际问题。不同的言语问题，指向不同的言语交际功能。如何介绍自己，介绍家人？如何讲述刚发生的事件？如何描述自己的心情与看法？这些言语问题指向的是交流信息的言语能力。如何倾诉内心的情感？如何反思与检讨自己行为？如何通过演讲表达自己的观点？这些言语问题指向的是表达自我的言语能力。如何成功地劝说他人？如何合情合理地提出建议？如何中肯地进行表扬？这些言语问题指向的是影响他人的言语能力。高品质的言语能力不是靠讲出来的，也不是靠练习做出来的，而是围绕言语问题，在言语实践中锤炼出来的。学生在生活化的言语问题解决中，能够掌握“交流信息、表达自我、影响他人”三大言语交际功能，从而更自如地生活。

二、任务情境的核心是语文元素

对广大语文教师来说，情境创设并不是陌生的词汇，经验丰富的教师往往善于“造境”。例如，创设“游动物园冲关”的情境活动进行生字教学，原本枯燥的学习过程变得有趣了；配以音乐、画面等手段，创设文字背景情境，学生原本单一的情感体验变得丰富了；提供一个假想的话题，学生通过表达，对文本主题的理解由模糊变得清晰了。但是，如此情境学习之后，学生却没有学到关于语文的内容，就如热热闹闹地切过苹果、吃过苹果后，却唯独没有学习如何观察，如何去描写一种水果的本领。

任务情境都有激发兴趣、增强体验等诸多功能，但最核心的功能还是帮助学生在不知不觉中学到了鲜活的语文知识，生长了语文的能力。我们不妨做个比喻，教师所创设的任务情境就像在椰子上凿开的口子，口子一开，吸管一插进椰子，我们就吮吸到了鲜甜的椰子汁。语文教学任务情境中的语文元素就是可口的椰子汁。

语文元素是多元的。语文教师与其他学科教师最本质的区别，是拥有一双语文的慧眼，能从以人文主题编排的选文中，发现语文的元素。当然，语文元素是多元的。从一篇独立的文本中，我们可以聚焦在词汇、句式、段落与篇章结构等教学点；借助比较，我们可以从一类选文中，发现读写策略、文体特征、主题表现、表达方式以及作家风格等运用语言的规律。例如《火星——地球的"孪生兄弟"》一课的教学，我们可以设计任务语境：根据最新的火星研究成果，改写文章的结尾。这一任务语境包含两个语文元素。其一，进一步体会科学小品文内容科学性的文体特征；其二，尝试运用文章故事性的表达方式。其中以后者为核心。如果把《火星——地球的"孪生兄弟"》与《神奇的克隆》（苏教版五年级下册）、《石头书》（苏教版三年级上册）等文章归为一类，加以比较，我们就能发现科学小品文共性与个性的文体特征，找到阅读科学小品文的基本阅读策略与方法。总之，与语文学习相关的语文知识、能力要素、学习策略及习惯态度等，都可以成为语文元素。

以语文元素来统整。语文元素就如一根线，借助任务情境的外衣，就可以串起原本散点式、碎片化的教学内容。一篇文章可以有一个核心的语文元素，实现"一课一得"；也可以有多个不同侧面的语文元素，"一文多次教"。一类文章更是如此，可以"多文一次教"，也可以"多文多次教"。比如《天鹅的故事》一课的教学，可以选择“比喻隐藏作者情感”串联起文本中多处散点式的比喻教学；还可以选择“场景描写”串联起整体与个体的场景描写。再比如，一组中外小说的阅读教学，可以只把“情节与情感之间的因果关联”作为核心的语文元素，还可以选择人物形象的不同刻画方式、环境描写的不同作用等展开多次教学。语文元素具有统整的功能，原本独立的教学内容因整合而产生了增值的教学效果。

三、言语任务与真实生活相一致

任务情境需要凭借具体的言语任务来展开。尽管言语任务是一种教学的假设，但是如果完全脱离学生的真实生活，一看便是假的，就失去了言语的本真意义，这样的言语任务已然衍变成为另一种形式的“作业练习”，尴尬生涩，矫揉造作。就如学习完《刷子李》（人教版六年级下册）这篇课文，教师让学生写一写身边的手艺人。这一言语任务的出发点并无不妥，但言语任务的话题却与学生的真实生活产生了错位，学生没有任何生活经验的积累，该如何起笔去刻画他们所不了解的手艺人呢？如非写不可，学生则只能硬着头皮，凭着想象，捏造与拼凑出各色形象，语言即使再生动，也无法准确地刻画出与实际生活相贴合的手艺人的样子。

拟真生活情境的参与。生活无处不语文。在生活中，学生无时无刻不在接受言语任务，解决言语问题。课堂上的语文学习区别于生活中的全真式语文学习，生活中真实的情与境不可能直接搬入课堂。因此，在语文教学中，我们可以把静态的文本内容，转化为活生生的言语交际场景，学生从某个角度参与，进入特定的角色进行拟真的言语交际，完成拟真的言语任务。例如，《掌声》（苏教版三年级上册）一课从小英同学的角色叙述了小英在同学的鼓励下重新鼓起勇气的事情，我们可以要求学生变换角色，以小英自己的角色讲述这个故事，以新来老师的角色回忆这个故事。角色不同，内心体验不同，故事呈现的面貌也不相同。通过不同角色的故事讲述，考验的是学生对善良与友爱的感受，对“掌声”意义的认识。学习伊索寓言《牧童和狼》

（苏教版五年级上册），如果生活中遇到爱撒谎的人，你如何借用《牧童和狼》的故事劝诫他呢？还可以借用其他寓言故事吗？可以变换劝诫的对象，如小伙伴、弟弟妹妹、陌生人、长辈等。拟真的生活情境要与文本语境相合，与学生的真实生活相一致。这样的语文学习情境，构建了语文与生活之间的联系，充分体现了言语学习的生活指向。

真实言语问题的解决。学习语文，是为了更自如地生活，没有任何一门学科的学习能如此直接影响学生的生活。选择学生生活中遇到的真实问题，聚焦某个言语交际功能，通过系列的阅读、写作等学习活动，寻找切实可行的解决方法与策略，从而在解决问题中建构起个体的言语交际知识。例如，如何赞扬，似乎很简单的言语交际行为，学生却因缺少赞扬的妥帖感而达不到应有的言语表达效果。教师以“学会咏赞”为言语任务，让学生进行系列阅读。阅读《装满昆虫的衣袋》（苏教版五年级上册），发现赞扬一个小伙伴可围绕核心品质，叙写典型事件；阅读《厄运打不垮的信念》，发现赞扬具有坎坷人生之人，选材时要注意取舍，注意突出面对厄运后的事件；阅读《钱学森》，发现赞扬具有丰富人生经历之人，要注意选择人生中具有转折意义的事件；阅读《林冲棒打洪教头》（苏教版五年级上册），发现赞扬可借其他人物对比衬托的表达方式等。阅读的内容可以是教材里，也可以是教材外；可以是连续性文本，也可以是非连续性文本。在阅读中，学生逐渐累积起“如何咏赞”的言语策略，例如，以真情表达，围绕核心品质，选择典型事件，借用对比衬托等方式。由此，以言语问题为导向，以真实的言语任务为驱动的阅读和写作，会真真切切给学生的生活带来改变。

四、建构言语任务的内在逻辑链

曹海明先生在《理解与建构——语文活动论》一书中指出，就阅读一篇文章而言，阅读主体的心理过程存在一个层次递变的结构模式。“感知、理解、深悟”三个基本阶段相互联系，构成一个动态的、完整的心理运行轨迹。不仅阅读一篇文章如此，篇与篇，单元与单元，年级与年级，也应呈现出逐层推进、不断地螺旋上升的态势，这是理想中的语文教学样式，较为符合学生语文学习的内在规律。

但是，在实际的教学中，因语文教材的独特性，语文教师对学生学习规律及阅读能力序列的模糊认识等因素，各任务情境之间缺少内在的逻辑，彼此独立，学生语文能力很难建构为能力序列。因此，教师要具备发现的眼光，善于建构任务情境的内在逻辑链。

学习就如登山，每登高一级，就能看到不同的风景，学习因有不断的激励而能产生持续学习的动力。一篇课文，从不同侧面能发现不同的关键点，构建不同的任务情境。任务情境各自独立，且又能互相联系，形成台阶式的言语任务群。阅读《石头书》一文，可设计三个言语任务：第一，教师演川川和磊磊，学生演勘探队员叔叔，师生合作进行角色对话；第二，借助“石头就是书，你们看……”的句式，让学生学习创造性复述课文；第三，借用比喻的句式，拓展写话。学生在角色对话中，发现问与答之间的意义关联，初步感知石头书的特点；在借用句式创造性复述中，内化与表达对“石头书”含义的理解；通过拓展练习，进一步把握比喻句的基本表达特征，并能变式运用。一个言语任务连接另一个言语任务，相互关联中，指向本文阅读的核心语文元素：理解与运用比喻进行解释的语文能力。

重新审视选文的教学价值和教学功能，对选文进行课程化设计，“选文”则变成了“课文”；重新审视“课文”之间的关联，进行序列课程的设计，“书本”则成了真正的“教材”。同样是介绍科学知识，《蒲公英》（苏教版三年级上册）、《小稻秧脱险记》（苏教版三年级上册）、《航天飞机》（苏教版三年级上册）以童话故事的方式来介绍，《石头书》则是通过记叙事件来介绍；《航天飞机》《蒲公英》《石头书》中借“智慧老人”“太阳公公”与“勘探员叔叔”之口，介绍科学知识；《小稻秧脱险记》在故事情节发展中自然隐含科学的知识。“如何介绍科学知识”，是这些课文共同的“语文元素”，有相同，也有不同。找到这些课文之间的关联，能从中发现读与写的方法与规律，课文的教学价值获得了增值的效果。

学习是为了更聪明。聪明的人与一般人最大的区别，是从事物间没有联系处能看到联系，从简单的联系中看到复杂的联系。教师可围绕核心问题，聚焦语文元素，与生活相关联，创设逐层推进的任务情境，让学生拥有一双特别的眼睛，自主发现与建构文与文、文与人之间的关系，获得语文素养的整体提升。

第三节　课堂生活的重建

胡适在《追悼志摩》中的一段文字：

他的人生观真是一种“单纯信仰”，这里面只有三个大字：一个是爱，一个是自由，一个是美。他梦想这三个理想的条件能够会合在一个人生里，这是他的“单纯信仰”。他一生的历史，只是他追求这个单纯信仰的实现的历史。

换言之，实现了“单纯信仰”，也就对得起他自己和生命。

作为小学教育，也应有自己的单纯信仰。小学教育是基础教育，它具有根本和长远的价值——对社会发展和个体终身发展的奠基性价值，即对学生的终身关怀。终身关怀，最根本的是“让学生走向生命自觉”。

“让学生走向生命自觉”，第一个核心词为“让”。“让”为形声字，繁体正字“讓”从言从襄，襄亦声，“襄”意为“包裹”“包容”，“言”与“襄”联合起来表示“包容性言论”“充分考虑了对方意见的言论”。自古以来，“让”是中华民族的一种传统美德。第二个核心词为“生命自觉”。“生命自觉”直面生命个体，直面生命价值的提高，直面生命主动健康发展。

“把风头让给学生。”让，有“不争”的意思。课堂上的“不争”即“把风头让给学生”，教师不和学生抢风头。金庸小说《倚天屠龙记》中，“便在这万籁俱寂的一刹那间，张无忌突然间记起了九阳真经中的几句话：‘他强由他强，清风拂山冈。他横任他横，明月照大江。’”《老子》也言：“夫唯不争，故天下莫能与之争。”“让”具有哲理，“让”的教学达到的是“润物细无声”的效果，实现的是悄然入土的滋养。这样的课堂，应该是智慧的，学生能获得生命的自主成长。

“把经历让给学生。”让，有“闪避”的意思。闪避，总能让人想到“退让、躲避”这些词。遇到事情不直接面对，而是采取“闪和避”的被动姿态。这是一种消极的对待问题的方式。但是，加拿大魁北克那条山谷中东坡的雪松“弯曲”的“退让”却是“以退为进”的生存智慧。在课堂上教师的“闪避”，让的是什么？让的是学生自主学习的权利！这是课堂上的教学智慧。

当有学生向教师提出问题的时候，教师要善于“闪避”，随后把问题再反抛给学生，让学生自己去探究问题，而不是自己硬生生地接过问题。问题就如一个球，一旦反抛给学生，他们自然会研究从何种角度进球是最佳的，踢球时需要把握怎样的力度，队员之间应该达到如何的默契，要实现进球，得付出怎样的努力等等。一系列问题解决后，他们通过反复的实践，反复的失败，反复地再训练，终于有一天，他们靠自己把球踢进了球门。这时，他们的呼声肯定是最高的，他们的笑脸肯定是最灿烂的。是的，学生在学习中经历重重磨难，经历重要艰险，才能真正品尝到学习的快乐，收获到学习的成功，掌握到成功的秘诀。这种快乐，这种成功，一定是刻骨铭心的。教师让给学生自由经历的时间和空间，学生收获到的才是属于自己的真正的学习。人不就是在摔跤爬起再摔跤的过程中才学会走路的吗？

“把自由让给学生。”让，有“许，任凭”的意思。与“准许，任凭”相应的是不加以羁绊，不给予限制。我们现在的课堂受羁绊受限制吗？回答是肯定的。课，可以自由些。自由了，课就好玩了。好玩，是一种心态。有什么样的内心，就有什么样的世界。一个人，如果觉得什么事情都好玩了，那么生活中任何事，任何人，在他眼里就是富有意义的，具有趣味的。儿童觉得课好玩了，学习就不再是原本意义上的“认知过程”，课堂就成了学生的“生活场”。在这里，他们享受学习，他们有自己的语言、自己的动作、自己的思考、自己的情感、自己的态度与自己的欢悦。北京大学钱理群教授曾说“语文课应是一种精神的漫游，应该是好玩的、有趣的”。语文课如此，其他的课不也是这样吗？自由了，课上就有了学生自己本身的生活。我国著名现代教育家陶行知先生指出，教育尤其是课堂，需要解放孩子们的头脑、眼睛、双手、时间和空间，解放儿童的思想，放飞儿童的心灵，让他们“从做中学”。赞科夫在《和教师的谈话》这本著作中，也专门谈到了课堂上的生活。他突出了课堂教学不仅要在内容上反映生活，更要注意“儿童在课堂上的生活”“不要忘记学生本身的生活”。情感发展、儿童意志、群体合作能力、行为习惯及交往意识与能力等多方面都体现在课堂生活中。每一项都既有与认知活动相关的内容与价值，又有其相对独立的内容与价值。这些方面的综合，才能让学生成其为完整的人，才具备自主发展的能力。

“教师还要当仁不让。”让，是课堂的回归，是学生学习主动权的回归，这是符合学生学习需求的。但是，让并不意味着教师只能做个隐性教育者，并不代表把课堂全部让给了学生。教师应该“当仁不让”。因为教师“当仁不让”的点拨，引导及告诉是为学生指引了一条通道。学生可以循着这一条通道，再去阅读，再去发现，再去经历这个学习的过程，从而到达成功的彼岸。学生学习的经历还是属于自己。由此可见，让与不让之间是辩证存在的。“当讲则讲，不当讲则坚决不讲。”课堂需要智慧，教学需要让，但有时还得“当仁不让”。课前，教师对课堂预设的“当仁不让”，使得课堂简约灵动，能给学生的心灵留出一点空间，让他们拥有自主学习的能力。课前的“不让”是课上“能让”的前提。

“让学生走向生命自觉”，这本身就已经蕴含了教学的智慧，它直接指向的是对学生个体生命的终身关怀。但是，在实际的教学课堂，教师往往曲解了“教学活动”的含义，简单理解为“教师教的活动”。在一定意义上，这样的理解也无可厚非。但如果单纯以“教的活动”来概括课堂上的这一特殊活动方式，那么就忽视了教学中的另一个主体：学生。有“教的活动”，自然就有“学的活动”。这两者朦胧不分，就会混淆这两个概念，甚至把“教的活动”取代“学的活动”。“我要教这些”“我要这样教”，变成了教学中教师一厢情愿的行为。如此课堂，即使“教的活动”完整且机构化，“学的活动”也只能呈现出呆板与零散化的状态。“教的活动”和“学的活动”为什么会形成如此鲜明的反差？最根本的原因在于课堂基点的错位。如果我们改变以一厢情愿式的“教的活动”为基点的课堂教学，转变为以“学的活动”为基点，课堂也会随之而改变。“学的活动”需要学什么？如何去学？这两个问题的探究，直指语文课堂的重建。

一、一切从学生的学习需要出发

王荣生教授提出：“教学内容要正确，要适合学生的学习需要，要给学生学习提供较大的帮助。”这句简单的话陈述的是教学本身的意义。因为有需要，教学才有存在的必要。但是，什么地方需要给学生帮助？应该是学生学习的盲点处。

（一）不喜欢的语言：嚼出蕴含的滋味

年龄的因素，阅读经验的限制，阅读兴趣的不同，面对一篇文本，学生可能有不喜欢的内容，因为他们没看到这些内容中蕴含的美妙。而这美妙，则为学生需要学的内容之一。他们一旦读到那些不招人爱的文字背后的美，喜欢，就能自然地流露。

这是一株柳，一株／在平原／在水边／极其平常的柳树。

这是一株神奇的柳树，神奇到／令我望而生畏的柳树，它／伫立在青海高原上。

这是课文的第一、二自然段。文章没有直接告诉我们生长在青海高原上的柳是神奇的，而是先淡然地陈述柳的平常。平常，神奇，这近似于矛盾的内容直接抒发了作者对青海高原柳的赞咏。当你体现停顿，把握节奏去读这两段文字，就会发现浓浓的情意，浓浓的文学味蕴含其间。从阅读心理的角度，相比于全文浓墨重彩的文字而言，这两段文字不太符合学生的口味。就如食物，有些食物不符合孩子口味，但是富有营养。一旦吃了，嚼出了其中的滋味，就喜欢上了，也就汲取了其中的养分。这两段文字学生去读了，喜欢了，其中的语文营养也就能滋养他们的心灵。

（二）难读懂的内容：发现隐藏的情感

对于六年级学生来说，他们已经具备了一定的阅读能力。粗实坚硬的柳树需要经历干旱寒冷、高原风雪、雷轰电击的虐杀，但是它们凭借顽强的生命力一次次起死回生。这些内容学生通过预习读得懂吗？显然，他们是读得懂的，因为这些内容在书本上明明白白直接写着的，他们借助原本的阅读经验、已有的语文学习经验也能够读懂。如果学习自己原本知道的东西，学生就会觉得课堂乏味与无趣。在没有挑战力、没有新鲜内容刺激的课堂上，学生就没有了投入的激情与学有所得的成就感。

阅读本文，什么地方对于学生来说是比较难懂的呢？是全文的最后一个自然段。长长的句子，复杂的句式，生僻的词汇，生涩的内容，即使学生读到滚瓜烂熟，也很难理解这段话内在的含义。但是，一提炼核心词，整个长长的句子就显得简单了：没有抱怨、没有畏怯、抗争、生存、造成风景。这表明的是一种生活的态度：面对艰难，不抱怨、不畏怯，要努力去抗争，要顽强地生存。但是这么一个简单的内容为什么作者要写得如此复杂呢？散文是情感的宣泄场。读上去如此艰难的语言背后隐藏着作者的情感：青海高原的这一株柳生存生长的过程是如此艰难，如此坎坷，如此让人崇敬。

（三）被忽视的篇章：揣摩出内在的结构

阅读能力≈阅读取向＋阅读方法。这是王荣生教授提出的。其中阅读方法是关乎于文本体式的问题。阅读诗歌，有阅读诗歌的方法，阅读散文，则有阅读散文的方式。从这一独特体式中，能读出什么东西来，从这一独特体式的文章中，能读出什么东西来，这往往是学生忽视的，揣摩不出来的，是需要学习的。

作者对青海高原这株柳的情感用一个字来概括：咏。但是这株柳却如盖上红盖头的新娘一般带着一份神秘，迟迟不露真面目。开头第一段只写这是一株平常的柳，没有写柳的神奇；第二段写了这是一株神奇的柳树，但是如何神奇，却没给读者看；第三段描述了柳生存环境的恶劣，激起了读者对柳极度的好奇心，可作者还是没给读者看这株柳；第四段写了作者走近柳树，提出疑问：这株柳树怎么生长壮大起来，造成高原如此壮观的一方独立的风景？此时，红盖头终于掀开，柳的形象终于呈现在读者面前。前文制造的悬念吸引着读者阅读后半部分课文，从中寻求答案。而作者通过猜测和想象揭示答案后，于最后一个自然段阐释了作者想要表达的人生态度。这就是这一篇散文独有的内在结构，这样一种内在的结构是学生揣摩不出的。

薛法根老师一直主张阅读教学有三个不教：学生已懂的，不教；学生能自己学懂的，不教；教了学生也不懂的，暂时不教。从不教中可以看出薛老师对教学内容取舍的一种认识。是的，教了学生也不懂的暂时不教，但原本学生不懂，教了能懂的，那就要教。因为，学生有学的必要与可能。一切从学生的学习需要出发，“教的活动”与“学的活动”融为一体，语文课堂才能彰显其价值。

二、一切着眼于简单有效而展开

如何去学？关乎“学的活动”如何展开的问题。一个个“学的活动”组合成了课堂的流程。这个流程有指向、有组织、有结构，可见成效。这些“学的活动”要能使学生达到我们设定的教学目标，并且简单而有效。

（一）丰富：有语文训练的路径

感悟式的课堂结构曾在一定范围上覆盖了阅读教学课堂。不管是低年级，还是高年级，当教师不知道让学生如何去学的时候，就摆出“自读感悟的必杀技”，而且基本百试不爽。但是，长期以来，单调的感悟学习已经激发不了学生学习的兴趣。而语文学习，听说读写是一般的学习方式。我们不求多样，但是听说读写这基本的语文学习方式应该成为学生学习活动的主要方式。即使是同一种学习方式，也可以丰富多样。如以《青藏高原一棵树》一文有感情朗读的学习活动为例。

如何读好词组？教师可以指导学生正确停顿，把握节奏，通过想象读到文字背后的画面。如何读好柳树的形象？可以指导学生圈划关键内容，在交流自己的朗读感受基础上，读出关键内容在文本中的关键的表达效果。如何表达出柳树顽强的精神？让学生体会“虐杀、复苏；劈断、抽出；摧毁、起死回生”这三组形成对比的词的表达效果后，朗读表达就有了情感共鸣的储备。如何读好拗口的最后一段？可以帮助学生提炼每个分句的中心词，把握基本内容结构，通过领读的方式指导学生学习。

通过明确的朗读专题知识的学习，深入的朗读情感的体验，学生语感的积淀等等，朗读训练不再空洞。总而言之，一旦寻求到了语文训练的路径，学生的学习活动就指向了有效。

（二）充分：有表达的时间和空间

课堂上经常出现这样的画面，师问，个别学生马上答；师再问，再个别学生马上答。虽然说在个别学生和教师的互动中，学习经验分享给了全班的学生。但是，很多时候，这样的状况更像是师生间的“窃窃私语”，而其他的学生由于不能及时反应，没有参与“窃窃私语”而成为陪衬。这样的学习活动体现着没有充分展开的简单。

让学生都参与到教学活动中，你怎么做？学生怎么做？学生面对的主要困难是什么？你打算怎样去克服那些困难？这是国外公开课任课教师准备的工作表中的重要内容。考虑清楚了上面的问题，解决了上面的问题，课堂上的学习活动就是面向全体的。学生都能参与学习活动，投入学习活动，教学流程就不会如蜻蜓点水般，漾起的波纹转瞬就会消失。

“作者用了猜测和想象解开了柳树生长之谜。如果请你为这株柳背后的故事取个名字，你会取什么名字？为什么？”伴随着这一问题，学生的学习活动是自读课文，为柳树的故事取名字，写下取名的原因。而给柳树背后的故事取名字这一活动是充分展开的，是全班每个学生都参与的活动。学生交流后，把自己取的故事名字写在黑板上，于是黑板上出现了富有诗意，富有理趣的文字：奇迹、生命的抗争、一抹绿色、造就奇迹的绿色……然后教师倾听学生们讲述根据这些名字组合成的柳生长的故事。

在整个过程中，我们会发现学生善于表达，乐于抒情。为什么？因为整个学习活动是富有趣味的，虽然很简单，但是学生有了充分表达与交流的时间和空间，学生能在充分展开的学习活动中读懂。这一过程，不需要教师从中卖力地牵引、指导，只需要静静地倾听每个相似却又不尽相同的柳的故事，同时，也是在用心聆听着学生阅读感悟的心理历程。

（三）成效：学习经验的获得

一次阅读，就是一次成长。为什么很多特级教师拿着同一个教学设计，能跑遍全国各地，而且每次教学效果都相当好。因为一篇课文，基本教学内容是确定的，同一年龄段的孩子学习经验与阅读能力相差也是不大的，在学习中，需要获得的学习经验也基本是相通的。学习经验的获得与否，是直接检验学习活动是否有成效的标准。这一学习经验是这一文本独有的，才更能彰显学习活动的价值。

青海高原一株柳，作者在咏赞它的时候看到的仅仅是柳吗？不，是人。由物读到人，这是学生可以得到的学习经验。如何去读？教师可以采用对比的阅读方式，引导学生先读贺知章的《咏柳》。这首诗写的是什么地方的柳？柳是什么样的？如果把这样的柳比作人的话，可以比作怎样的人？让学生从中读到柔弱、婀娜多姿、风情万种的江南女子形象。而陈忠实笔下的柳又是怎样的呢？如果同样也作个比喻，可以把它比作什么样的人呢？让学生从作者的语言中读到一个西北的硬汉子形象。由此，柳这一丰满的形象就真正撑立在了这悲壮而苍凉的高原之上。

需要学什么？如何去学好？当我们用一种崭新的视角去审视课堂，我们会发现原本觉得理所应当的教学行为没有可以支撑的理据，我们会发现教师教得用心与卖力，而学生学得漫不经心的根本原因所在。确实，转变一个视角，一切从学生的学习需要出发，一切着眼于简单有效而展开，追求以“学的活动”为基点的阅读教学，会实现一个美丽的转身，重建了语文课堂。

第四节　不教之教的境界

教学改革的所有秘密就在于变革“教与学的关系”，“教”与“学”在课堂中所占“份额”的增减，演绎出了不同的课堂样态。其实，“教与学”是一种生命的节奏，如同妈妈教孩子学走路，初始一直搀着手，渐渐松了手，最终放掉手。独立地走、独立地学，是“教”的根本目的，其间所有的“教”都是手段和过程。“教与学”是一种辩证的存在，课堂教学变革，不能从一个极端走向另一个极端。叶圣陶先生在为《中学语文》题词中明确地指出：“我想，教任何功课，最终目的都在于达到不需要教。假如学生进入这样一个境界，能够自己去探索，自己去辨析，自己去历练，从而获得正确的知识和熟练的能力，岂不是就不需要教了吗？”我以为，应重新审视“教”与“学”之间的关系，追求“不教之教”：教是为了不教，教是手段，学是目的；为了独立的学，需要适度的教；教的实质是帮助学生学得更好。“不教之教”，充满着哲学的思辨力量，也是语文教学的一种哲学境界。

一、目标导向：从教转向学

备课时，我们常常要拟定一堂课的“教学目标”，遵照“知识与能力、过程与方法、情感、态度、价值观”三维目标对应分解，列出具体的目标细目。然而，我们却忽视了三维目标的上位目标，那就是培养目标，即语文教学要培养什么样的人。这是根本性的目标，指明了语文教学的方向，那就是培养“正确理解与运用祖国语言文字的现代中国人”，核心是“运用语言与创造语言的人”，而不是“研究与分析语言的人”。如果语文教学沉醉于培养“研究语言的人”,那就是把学生当成未来的语言学家来培养,就偏离了语文教学的根本目的。有鉴于此,我们可以探寻一条目标导向的语文教学之路:从培养目标到课程目标,从课程目标到教学目标,从教学目标到学习目标。语文教学最终要落到“学习目标”上,即规定每一节语文课学生应该达到的学习水平程度,不但教师要明确,而且学生也要明了。如此,语文课才能教得踏实、学得明白,才能跳出教得模糊、学得糊涂的怪圈。

(一)目标的主语是“学生”

教学目标不等于学习目标。许多教师的字典里只有教学目标,而没有学习目标。这也是情有可原的。教研部门考评课堂教学,经常问教师的就是:“你的教学目标是什么?”困扰教师的,往往是“如何教”这一问题。“培养学生用字典查阅生字意思的能力”是教学目标;“能借助字典查阅生字的意思”则是学习目标。教学目标的主体是教师,表述的主语是“教师”。由此,“培养、指导、组织、让、使”等以教师为主体的行为动词频频出现。教学目标因面向教师自身,课堂容易导致“教”与“学”的分离。而学习目标的主体是学生,表述的主语是“学生”,是学生经过努力所要达成的目标:经过四十分钟学习,可以获得怎样的学习结果?学习结果实现的具体表征是怎样的?于是,学习目标更可触摸与可实现。

(二)目标的呈现是“动词”

有的学习目标主语虽为“学生”,表述却还是模糊不清,甚至不知所云。例如,一教师教学《爱因斯坦和小女孩》(苏教版四年级下册)一课,制定了如下学习目标:①正确流利有感情地朗读课文。②学会本课 6 个生字,两条绿线内的 4 个字只识不写,理解由生字组成的词语。③感悟爱因斯坦潜心科学研究,不拘生活小节的平凡而又伟大的品格,以及乐于与孩子相处的一颗童心。三个学习目标,从不同维度设定,却还是不够清晰明了。如何练,才能正确流利有感情地朗读课文?如何学,才能理解生字组成的词语?如何读,才能感悟爱因斯坦的品格?只有“目标”而没有学习的具体方法与路径,目标就显得空洞。

学习目标的呈现可以是“行为动词”架构成的条件式语句。同样的课文，有教师拟定了如下学习目标：①关注文中三处描写爱因斯坦“表现特别”之处，领会言下之意。②围绕爱因斯坦“伟大不伟大”展开讨论，学会有理有据地评说。③体会“一边……一边……”这个句式所表达的含义，尝试运用。“关注、领会、讨论、评说、体会、运用”都是学习目标中的行为动词。其中，“领会、评说、运用”是指向于具体的目标，“关注、讨论、体会”指向于具体的方法与路径，即目标实施的条件。有了前者的实施条件，才有目标达成的可能。

同样是三个维度的学习目标，因表述浅显易懂，清晰明了，学习目标可理解，可操作，也可评价，提高了目标实施的可行性。

（三）目标的层级是“条件”

学习目标中设定了目标实施的条件，从而使学习目标能真正落地。例如，“把握要点，准确连贯地复述课文”这一学习目标中，“把握要点”为复述课文这一目标的实施条件。于是，复述课文有了学习的方法和路径。但是，教师往往把“把握要点，准确连贯地复述课文”直接套用于不同年级、不同班级、不同课文，使得复述能力的难度层级因大而笼统，体现不出差异度。

如何体现差异度？可根据不同年级学生的阅读能力特点来区分。三年级：认识叙事性作品的基本要素（时间、地点、人物、起因、经过、结果），学习有重点地复述叙事性作品，意思完整，语句准确、连贯；四年级：学会用提炼、组合要点的方法简要复述叙事性作品，语句准确、连贯。三年级学习目标的实施条件是“认识叙事性作品的基本要素”，四年级学习目标的实施条件是“提炼、组合要点”。“认识”与“提炼、组合”属于不同层级的阅读能力。限定了“复述课文”的不同实施条件，其实也就限定了复述能力目标的层级。

教师在制定学习目标时，不可在同一水平进行简单重复，特别需要界定年段、年级和单元之间的差异程度，精准判断目标领域及层级，适切描述学生可达到的学习结果及实施条件，使学习目标具有阶梯性，让学生的学习有“爬坡”的感觉。

每堂课应该聚焦一个核心的学习目标。学习目标可以由教师直接出示，可以由师生共同确定，也可以由学生依题商定，从而实现目标导向下的教与学，而不是糊里糊涂的教，懵里懵懂的学。学生心中有了明确的学习目标，就如拥有了不同人生阶段的“小目标”，并以“小目标”作为衡量阶段学习结果的标尺，重新定点后再出发。学习目标，从教转向学，是“不教之教”的前提。

二、任务驱动：由点形成链

学习目标的达成不可能一蹴而就。在核心的学习目标导向下，教师可把目标分解为若干个学习任务，即一些需要学生解决的学习问题。一个个学习问题，形成学习任务群。学生解决学习问题的过程，就是学习的过程。学生在任务驱动下的学习，更具有内在的学习动力。因此，提出高质量的学习问题，是教师进行教学设计的关键。

（一）落在关键点

学习问题要具有语文特性。作为一名语文教师，每堂课都在提问。但是，我们的问题是否带有语文教师的专业属性？并不尽然。不分年级、不辨文体，老三篇问题并不罕见：哪些生词不懂？这段话（这篇课文）主要讲了什么？课文刻画了一个怎样的人物，表达了作者怎样的感情？只要高中以上学历的人，似乎都可以站在讲台上讲得有模有样。但是，这些问题可能都没有落在课文的“关键点”上。所谓“关键点”，即学生阅读课文可能遇到的障碍，比如读不懂的地方、体会不了的地方、感受不到的地方等。这些都是教师“教”学生“学”的关键之处。落在“关键点”的问题需体现三个指向：

(1)问题要指向语言的运用与创造，而不是研究与分析。语文教学要培养的不是语言学家、文学家，而是会运用语言的人。语言运用能力是彰显语文学科特性的。

(2)问题要指向文本的语言形式，而不仅仅是思想内容。言语形式决定了言语内容。文本的言语思想内容固然重要，但更要重视文本的言语形式。

(3)问题还应指向用语文的方式解决问题，而非用其他学科办法。例如，教学《鱼游到了纸上》(人教版四年级下册)一课，理解“工笔细描”和“挥笔速写”两个词语的时候，教师可以让学生欣赏图片，但更为主要的是带领学生从课文的语言文字中去发现“工笔细描”和“挥笔速写”这两种绘画基本技法的区别。学习问题具有语文特性，才能准确把握文本特点及语文教学的本质。

教师需想明白的是，学生应该从“关键点”中读到些什么？可以用哪些方法去读？更需想透彻的是，这些关键点(语言现象)背后隐藏着哪些语文知识？这些关键点之间具有什么样的逻辑关系？透彻把握语文知识及其相互间的逻辑关系，便发现了语文知识的智能意义，便把握了教学的内容和教学应该遵循的基本法则。

(二)形成问题链

问题之间要具有内在关联。在很多课堂上，我们往往只看到“一个个问题”，没发现串联在一起的“问题链”。四十分钟的课，林林总总，一计数，可以高达几十个。问题与问题之间，没有形成必然的联系。一个个问题，因没有选择，没有串联，而显得过多、过于琐碎、过于肤浅。虽然也有师生间的问答，课堂呈现的状态却始终是平面的。那么，该如何设计“问题链”？

(1)整合。涉及字词句篇、语修逻文、听说读写等多方面的知识，散落于文本的每一个角落。把零碎的知识与内容进行删减、归并、重组，知识就能显出其内在的结构。如何删，如何组，关键要有一根线来串。这根线，就是核心的学习目标。《青海高原一株柳》篇幅较长，教学内容极为丰富。很多教师在教学时，认为教学内容太多太琐碎。其实，可以抓住文体的特点，围绕“了解阅读散文的基本要点”为核心目标进行整合：第一，读形，高原柳和平原柳给人的感觉有什么不一样？第二，读神，作者用两个自然段进行猜测和想象，为我们讲述了这株柳生长背后的故事。如果请你为这株柳背后的故事取个名字，你会取什么名字？第三，读人。这株柳树，虽然生长在空旷的原野上，也许很多人也看见了，却没有写下这样的文字，这是为什么？“读形、读神、读人”这是阅读散文的基本要点。以此为核心目标，由点形成链，课就显得凝练和深刻。

(2)分解。对于较难达成的核心学习目标，要根据学生的认知规律进行分解。《火星——地球的"孪生兄弟"》是一篇科学性说明文。文中关于火星及科学研究的专业知识非常难理解。由此，我们可以通过问题链的设计进行逐一分解：第一，识记。归类学习"太阳系、地球、火星、彗星、陨石、彗星和陨石风暴"等科学专业名词。第二，理解。这篇课文中有许多科学专业名词，但读来并不枯燥，反而像在读一个关于火星的人生故事。请学生读读这个故事，能从哪里读到故事的特征？第三，运用。随着科学研究成果的不断更新，课文最后一个自然段的内容已经不太准确了。请学生根据最新的研究结果，改写故事结尾。想想，怎样把这段话中的科学内容写得带有故事性。"识记、理解、运用"这是符合学生学习的认知规律。通过分解形成的问题链，逐层推进学生的学习。关联及推进感，是"问题链"和散点问题的本质区别。

(三)导向任务群

学习问题应转化成活动。问题提出后，不冷场，教师能很快得到比较积极的应答，这是绝大部分教师都喜欢的课堂场景，特别是在公开课时。然而，这样的场景却令人有些担忧：热闹有可能只属于部分优秀的学生，一大部分学生无须承担学习的"任务"；学生的回答有可能滑行于问题的表面，因为教师没有给予学生充分的时间与空间。因此，"问题链"不应仅仅停留于问题的设计。学生的学习，往往是在活动的体验中完成的；内在的学习内容，需要通过外在的学习活动来承载。学习问题，应转化为每个学生都可操作可实践的活动任务群。

薛法根老师以《庐山的云雾》(苏教版四年级上册)一课为例，以"能理解并运用准确与形象的描述性语言"为学习目标，设计了活动任务群。①填表。云雾本来的样子是怎样的？看起来的样子是怎样的？学生填表，区分描述与比喻。②讨论。"笼罩、缠绕、弥漫、遮挡"与"白色绒帽、一条条玉带、茫茫的大海、巨大的天幕"哪一组词语更让人留下深刻的印象？说说理由。

删去“转眼间、还没等你完全看清楚”这两个短语，句子的意思有什么变化？还可以用哪些词语表达这样的意思？③练写。弯弯的月儿看起来的样子是怎样的？乌云从月儿前面飘过看起来的样子是怎样的？又圆又亮的月儿看起来的样子是怎样的？用恰当的比喻将月亮的姿态写形象。

把“问题链”组成“活动任务群”，需转换教师的思维方式。一个活动，不以“流程”作为活动的框架，而应考虑学生在任务驱动中如何开展学习行为；学习应该由一系列相互联系、相互递进的学习活动组成。让每个学生在学习活动中都能经历个体真实的学习过程。就如登山，用自己的步子，沿着一个一个台阶拾级而上，学生才能体会到登上山顶的快乐。由此，通过“问题链”的设计，教师主体唤醒了学生主体。在一组组“活动任务群”的学习中，关于阅读方法，关于听说读写能力等，逐渐在学生的大脑中建立起系统的知识结构，为学生自主学习、独立学习奠定基础。

三、效能激励：将终点化成新的起点

语文“教、学、评”的错位，造成教的不放心，学的没底气，考的无理据，带来“题海战术”，造成学生过重的学业负担和教师沉重的心理负担，语文课堂的幸福指数偏低。特别是学生，他们的学习效能感的获得主要来自教师。教师的肯定与否定能够帮助学生作出自我判断。然而，教师的教学效能感大多居于内隐状态，更多的指向于自我教学行为的调整。对于大部分学生来说，学习效能感难以直接获得；即使获得，也不够明确与清晰。因此，我们应为学生提供一条路径，即课堂习练。借助课堂上的习练，让学生直接获得学习效能感。

（一）与目标一致

教，围绕学习目标而教；学，紧扣学习目标而学；练习与测评，也应与学习目标相对照。由此，教、学、评的一致构成了课堂的自然生态。但是，在实际课堂中，习练内容往往与学习目标相脱离，且各自为政，互不相干。

例如，执教《鞋匠的儿子》一课时，教师设定的学习目标可能是“揣摩化解艺术，体会伟大人格”，课上却布置两道练习题。第一，“读一读下面的句

子，注意带点的词语，体会人物的思想感情。”第二，林肯演讲前后，参议员的态度有什么变化？为什么有这么大的变化？两道题都为教材课后练习题，也具有一定的意义和价值。但是，这两道题没有直接指向林肯化解尴尬的艺术及伟大的人格。或者说，不管在上课时设定的学习目标是什么，课后布置的可能也都是这两道练习题。究其原因，主要是教师为练而练，没有自主设计意识，教材给什么，就用什么；配套练习提供什么，就让学生练什么。由此，学生无法从课堂的习练中为自己做出评断：我在这一堂中学习有收获吗？我的学习目标达成了吗？达成了哪个部分，未达成哪个部分？什么方面是我的优点，什么方面需要改进？缺失学习效能感的准确体验，学生就很难实现真正的自我觉醒及自我激励。

（二）用实战演练

语文要在生活化的真实情境中才能获得真才实学，学生如果没有用语文解决过真实的生活问题，就难以感受到语文的内在力量，就不会对语文产生深刻的理解和情感。

还以《鞋匠的儿子》一课为例，有教师能围绕学习目标设计练习：请以“我眼中的林肯”为题写一段话。这道题指向于林肯化解尴尬的艺术及伟大的人格。在某个时期，“写一写我眼中的莫某”“谈一谈对这一事件的认识”之类的习练内容颇为流行。学生喜欢类似的题目，即使不上课，也能有话可写。但是，喜欢并不意味着能获得学习效能感。相反，这类习练内容因脱离生活的实际问题，学生在解答时无法做出自我学习结果的精准判断。因此，这类练习往往可有可无。

薛法根老师围绕学习目标设计了两个练习：

(1)林肯面对参议员的羞辱，用三段话化解，赢得了赞叹的掌声。你从中领会了哪些话语的秘密？（要点：有礼；有理；有力；有节；有度。）

(2)情境选用（教师提供三个生活情境），仿照林肯化解羞辱的方式，写一段化解尴尬的话。

第一个练习侧重于“知”，第二个练习则是为学生提供“化知为能”的读写支架。学生在习练的过程中，开始进行自我反思与评价：从这节课中，我理解林肯化解尴尬的艺术了吗？我能用简要的话清晰表述吗？在具体情境中，我能快速地抓住要点进行生活化的运用吗？如果不能，是我对言语艺术理解的不够清晰与深刻，还是其他原因呢？我在这节课中，获得真正的长进了吗？如果有长进，是在哪一方面的长进？语文与生活，并不是两个平行的世界。相反，两者紧密相融。语文知识与能力在生活化的真实情境习练中，才能真正被学生所掌握，并迁移到现实生活中。由此，学习语文才有了不可替代的意义和价值。

（三）让学生出题

整理错题集不是数学等其他学科的专利，语文学科也同样需要。易错的字音字形与字义，句式运用中常见的错误，概括与表达中出现的不足归类等，学生将出错的题目整理成一个个的学习档案，通过反省，总结经验教训，得出方法和规律。这就是学习经验的累积，学生将越学越聪明。在错题集的基础上，学生可选择自己认为最重要的、最容易出错的地方，出题目考教师或同学，获得做教师的快感。会出好题目的学生，也表示他本身对知识的理解和运用达到了一个新的水平层次，即达到了“评价”的水平层级。

学生自己出题的过程，也是学习的过程。他们自我反思，自我总结，自我改进，将错转成智，体验到自己努力带来的进步。这对激发学生学习动机，形成自主学习能力，学会如何自我学习，无疑有着深刻的价值。学生会学习，独立学习，这是教学的一条法则。教会学生学习，让学生在学习中成长起来，这是教学的本质意义。

课堂习练，是一个学习阶段的终点。但同时，它又是学生学习的新起点。它就如导航的定位系统，通过锁定，明确自己现有的位置，重新设定新的起点，即新的学习目标。由此，“目标导入、任务驱动、效能激励”组成学生学习的系统，在不断地反复循环后，学生能够在自己的认知结构中构建起自主学习的一般流程。不教之教，才能成就学生的“学了再学”。